Graphik: SERGRAPH, S.L.
ISBN: 84-96492-34-6
Depot - Nr.: M-23.914-2006

SCHEIDEPUNKTE

KRIEGER
DES XXI JAHRHUNDERTS

ALFREDO TUCCI

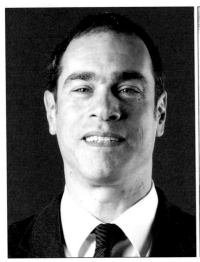

SCHEIDEPUNKTE

Was ist Freiheit, wenn nicht das Auswählen? Jede Sekunde unseres Lebens stellt einen Scheidepunkt, eine Kreuzung, da, befinden wir uns an einer Stelle, an dem wir zwischen mehreren Wegen zu wählen haben. Durch die Entscheidung für einen davon, lehnen wir die anderen ab. Freiheit ist also ein Akt, welcher uns in eine einzige Richtung lenkt; Freiheit ist, Nein zu vielen Möglichkeiten zu sagen und sich nur für eine Sache zu entscheiden, und das ist ihr größtes Paradox.

Die Freiheit umschließt uns in einem Käfig, in jenem engen Gang des Schicksals, wo der Spielrahmen wesentlich enger und steifer gefaßt ist als uns liebt ist. Dort, wo der Handlungsspielraum weder Raum noch Zeit kennt, verstehen wir die letzte und die erste Schanze eines Kriegers und dessen Einstellung.

Doch dies ist kein Studienthema im Lehrplan. Es gibt kein Fach namens „Haltung" bzw. „Einstellung". Haltung ist das Ergebnis des Aufeinandertreffens unserer wesentlichen Naturen mit der Welt. Haltung ist die größte Herausforderung des Seins und nichts und niemand bereitet uns darauf vor. Dies ist nicht verwunderlich, denn dies ist Teil der Welt der Inhalte, nicht der Formen, und in unseren Zeiten, welche Zeiten der Formen sind, sind die Inhalte nichts weiter als störende Auswüchse.

Doch von ihren leisen Wohnstätten hervor sind sie es, sind es die Inhalte des Seins, welche alle Handlungen unseres Lebens bestimmen und die Wege der menschlichen, sozialen und gesellschaftlichen Zukunft säen. Dieses Studium zu vernachlässigen, diese Macht zu ignorieren, ist Teil des kollektiven Selbstmordes, der allgemeinen Betäubung, der wir als Gruppe unterliegen.

Für den Krieger ist das Kultivieren seiner Haltung das Größte auf seinem Weg. Der Horizont seiner Vortrefflichkeit geht einher mit mächtigen Worten wie Ruhe, Mäßigung, Verantwortung, Reinheit, Verachtung oder Fließen. Doch diese Dinge entstehen nicht wegen moralischer Verpflichtung. Moral ist wandelbar und eine Pflicht schafft immer eine dem Fließen entgegengesetzte Reaktion. Auch ist dies nicht strikt religiöser Natur, denn es benötigt keinerlei Mittler zum Knüpfen jener Bande. Man beabsichtigt nicht „Gut", denn dies schafft „Böse" als Gegengewicht, und alles geschieht mit einer Natürlichkeit, als wenn eine reife Frucht vom Baume fiele. Der Krieger schult seine Aufmerksamkeit, um zu verstehen, daß alles Großartige in ihm und durch ihn geschieht.

Im Auf- bzw. Vorfinden seiner Welt, lebt ein Krieger die Scheidepunkte seiner Generation und seiner Zeit, und sein Blick ist nicht der gleiche wie der des Durchschnittsmenschen. Er öffnet versiegelte Kloaken, zeigt Brüchigkeiten an, warnt vor Exzessen, er inspiriert einige Male, und so auch, verletzt er andere Male. Wahrheit ist immer ungemütlich, wenn sie nicht in der Mitte liegt.

Dieses Buch ist das Ergebnis meiner öffentlichen Reflektionen der letzten Jahre, die in der Zeitschrift *Kampfkunst International*,deren Ehre ich habe, sie zu führen, veröffentlicht wurden. Jedes Kapitel ist eine persönliche Reise über die Scheidepunkte, die Kreuzungen, welche ich in jenen Zeiten vorfand, und über die Reflektionen, zu welchen sie mich führten. Es geht nicht darum, jemanden zu überzeugen, ich möchte damit nur zum Nachdenken anregen, über fast alle Dinge, welche einen Krieger unserer Tage betreffen.

Es ist unsere körperliche und geistige Verpflichtung, dem Medium die Produkte unserer vitalen Verdauung zurückzugeben, denn nichts ist dauerhaft in diesem wandelbaren Universum. Durch den Austausch mit diesem Medium das wir Leben nennen, ist eine Sache unbrauchbar für den einen und begehrenswert für den anderen. Dadurch, daß mir diese Worte entströmt sind, werden sie nie wieder Gewicht in meinem Innern haben, und wenn sie für Sie, werter Leser, nützlich sind, dann erfüllt mich nichts mit größerem Stolz.

Alfredo Tucci

„Was ist Freiheit, wenn nicht das Auswählen? Jede Sekunde unseres Lebens stellt einen Scheidepunkt, eine Kreuzung, da, befinden wir uns an einer Stelle, an dem wir zwischen mehreren Wegen zu wählen haben. Durch die Entscheidung für einen davon, lehnen wir die anderen ab. Freiheit ist also ein Akt, welcher uns in eine einzige Richtung lenkt; Freiheit ist, Nein zu vielen Möglichkeiten zu sagen und sich nur für eine Sache zu entscheiden, und das ist ihr größtes Paradox"

PROLOG

Nicht immer erreicht der, der am schnellsten läuft, das Ziel; auch der Stärkste schleudert nicht immer den Diskus am weitesten; aber der immer, der mit fester Entschlossenheit seine Ziele angeht.

Selbstkontrolle, Wille und Mäßigung sind die wichtigsten Stücke im Leben des Kriegers. Er sollte kühl, berechnend und pervers sein. Kühl, damit er nicht zaudert und zagt angesichts von Gefahren und Schwierigkeiten. Berechnend, denn seine Strategie auf dem Schlachtfeld wurde bereits zuvor erstellt. Pervers, weil er den Fehler nicht mit Weichheit angeht. Er kann nicht wirklich ohne Ehre leben.

Ein Großmeister versammelte einmal seine Schüler in einem großen Saal und sagte: „Es ist der Augenblick gekommen, meinen Nachfolger zu benennen". Er zog sich einige Zeit zurück und kam in den Saal mit einem feinen Porzellankrug. Während er ihn auf den Tisch stellte, erklärte er mit lauter Stimme: „Hier ist das Problem". Seine verwirrten Schüler sahen einander an und verstanden nicht. Einige Augenblicke lang, die wie Stunden erschienen, wußten sie nicht, was zu tun war. Plötzlich stand einer der Schüler auf und ging festen Schrittes auf den Tisch zu, zog sein Schwert und mit schnellen Schlägen zerstörte er den Krug, darauf an seinen Platz zurückkehrend. Ein Raunen ging durch den Saal, als der Großmeister aufstand und auf den Jüngling zeigte: „Hier ist mein Nachfolger!".

An den Scheidepunkten des Lebensweges des Kriegers sollte man das Notwendige tun, um die Probleme zu zerstören, den rechten Weg auswählend, und die Prioritäten festlegend.

Alfredo Tucci ist jener Krieger, er vereint diese Qualitäten. Er ist ein Kollege für lange und schwierige Aufgaben. Herald der Kampfkünste. Er fürchtet sich nicht, die Wahrheit zu sagen. Ein kultivierter Mensch, unermüdlicher Lernender der Technik, wissend, und in der Lage, dieses Wissen zu vermitteln.

Seine Leitartikel zeigen seine Kultur und sein großartiges Wissen das er besitzt. Seine Sensibilität hat ihn zu einem guten Maler werden lassen, seine Redlichkeit hat ihn zu einem aufrichtigen Freund werden lassen.

Ich fühle mich geehrt, sein persönlicher Freund sein zu dürfen und mit diesem Prolog an dieser bewundernswerten Arbeit mitwirken zu dürfen.

Großmeister Mansur 9. Dan Brazilian Jiu Jitsu

PROLOG

Im Laufe der Zeit haben große Geister eine unauslöschbare Spur hinterlassen. Durch tiefgreifendes Denken, künstlerische Exzellenz, akademische Beobachtung, scharfen Verstand, klares Sehen und innovativem Vorgehen, haben diese Avantgardisten die öffentliche Meinung beeinflußt, die Mittelmäßigkeit herausgefordert, sie haben das Freidenken und den progressiven Wandel auf ihre Fahne geschrieben. Sie sind Philosophen. Sind meisterhafte Künstler. Sind Schriftsteller. Sind kritische Denker. Sind das, was die Norm angreift, sie kultivieren die Großartigkeit unter Zeitgenossen. Man sagt von ihnen auch, daß sie „ihrer Zeit voraus" seien, auch wenn die Kenner der Geschichte wissen, daß sie „rechtzeitig" erscheinen.

Nachdem dies gesagt ist, ist es für mich eine Ehre, Ihnen, werter Leser, einen solchen Geist der Geschichte der modernen Welt vorstellen zu dürfen: Alfredo Tucci. Er ist ein anerkannter Kampfkünstler und Captain der US-Marine, nicht nur ein talentierter Schriftsteller, Verleger, Philanthrop und Maler, sondern auch und vor allem ein Mensch, der die Konfrontation nicht scheut. Als Geschäftsführer von *Kampfkunst International* hat Alfredo Tucci Grenzen herausgefordert und überwunden, er hat Dinge hinterfragt und an akzeptierten Säulen der festgefahrenen Gesellschaft gerüttelt. Er ist eine Stimme großen Einflusses und ein Mensch mit einem großartigen Charakter. Sein Ziel, wie in allen seinen Arbeiten, ist es, zu Erziehen, die Handlung herauszufordern, Grenzen zu überwinden, Barrieren zu brechen, zu Einen, Verständnis zu gewinnen und das Bewußtsein zu erwecken. Auf seinem Gebiet ist er ein Virtuose und sein Einfluß gelangt in alle Winkel dieser Welt.

In dieser neuesten Arbeit, erzieht er, inspiriert und fordert heraus. Die provokative Sichtweise von Alfredo Tucci und sein Wissen um Geschichte, Kultur, die philosophische Reflektion statten den Leser mit einer Perspektive der Gegenwart aus, sowie einer Vision des Morgen. Ich empfehle diese Bereicherung jedem Kampfkünstler, allen Akademikern, allen Denkern und jedem Menschen, der durch das Medium der Lektüre nach der Wahrheit sucht und diese tiefgründige Arbeit studieren möchte.

So wie der Künstler die Perspektive einsetzt, um Distanz und Horizont abzubilden, so benutzt auch Alfredo Tucci die Perspektive, um die wichtigsten Indikatoren für Wandel und Fortschritt zu identifizieren. Im Morgengrauen am Rande eines Scheideweges, sei dies in der Arena der Kampfkünstler oder einfach in der Arena des Lebens selbst, verpflichtet sich Alfredo seinem Publikum, fordert und fördert die Innovation und die Implementierung der Ideen.

Ein alter Spruch sagt, die Feder sei mächtiger als das Schwert, doch dieser Krieger ficht mit beiden und vortrefflichem Können und stößt vor, zum Herzen der Frage... oder des Menschen. Wer die bisherigen Arbeiten dieses vollendeten Kampfkünstlers kennt, wird auch durch diese Seiten nicht enttäuscht werden. Denjenigen Lesern, die ihn erst noch kennenlernen möchten, stelle ich meinen Freund vor, einen Menschen, der nicht nur über eine tiefgründige Perspektive verfügt, sondern auch über großartige visionäre Fähigkeiten und eine außergewöhnliche Verdienst: Alfredo Tucci.

**Großmeister Dr. Christian Harfouche,
10. Dan Shorite Ryu Tai Jutsu.**

DAS GROßE GEHEIMNIS DES BUDO

„Das Geheimnis liegt in dem der es sucht".

Wir Menschen sind eine siegreiche Gattung. Unser Erfolg lässt sich ohne Zweifel auf unsere Anpassungsfähigkeit und auf die Fähigkeit, uns zu widersetzen, zurückführen. Beide entgegengesetzt, ergänzen sich die Sachverhalte dennoch, und sind notwendig. Um sich der Umwelt zu widersetzen, muss man mit ihr kämpfen, das Gebiet anderer Arten erobern, deren Proteine in menschliches Protein umwandeln, sich gar Artgenossen stellen und so das Gesetz des Stärkeren durchsetzen. Dieses Gesetz wählte aus jeder Familie also das Beste aus, damit der Stamm der Menschen stärker wird.

Um sich anzupassen, muss man wissen, wie man sich der Umwelt gegenüber zu verhalten hat („con-formieren") und mit ihr eins wird. Dies beinhaltet das Verständnis um die Gesetze, die den Dingen eigen sind, um die höheren Kräfte zu unserem Vorteil zu nutzen (Steuern auf See, Ackerbau, Weidewirtschaft, etc.). Doch ebenso benötigt man dazu eine gehörige Portion Ausdauer, Leidensfähigkeit, einen enormen Kraftaufwand und große Rüstigkeit und Flexibilität, so dass man selbst in extremen Klimazonen leben kann, und in Situationen, denen sich keine andere Art auszusetzen vermag.

Doch der Reichtum des Menschen, angehäuft in vielen Generationen, wird in nur wenigen Jahrhunderten aufgebraucht sein. Dies ist natürlich, alles ändert sich im Laufe der Zeit und verwandelt sich in sein Gegenteil. Schon das Gesetz des Wandels diktiert uns das. Die natürliche Auslese wurde schon lange durch die soziale und geographische Auslese abgelöst; ein „Kilo Fleisch" in Afrika ist nicht das gleiche wie in Europa oder Nordamerika. Für die Generationen, die den Wandel ins Paradies sahen, haben all diese Vorteile eine komfortable Existenz geschaffen, eine hohe Lebenserwartung und ein beneidenswertes Altern. Doch die derzeitigen Generationen, jene, die als Recht das nahmen, was sie nicht mit eigener Anstrengung erobert haben, diesen Generationen wird das Paradies langsam zur Hölle.

Ich werde hier nicht über die biologische Dekadenz der Art sprechen, doch möchte ich auf einige erdrückende Daten hinweisen:

Die Zunahme der Schwäche (Krankheit – in-firmitas = „ohne Kraft/Stabilität"), das Erscheinen neuer Lagen und das nicht weniger bedeutende Wiedererscheinen alter Feinde, die man ausgerottet glaubte

(Tuberkulose, Pocken, etc.); Hinweise auf den beschleunigten Zustand unseres Immunsystems, wie die Zunahme der Allergien; die nicht zu stoppende Lage der Geisteskrankheiten; der Verlust der Wirkungen von Antibiotika (der Gegner macht sich stark!, wir uns schwach), das Erscheinen neuer Viren, das Ausbreiten der Malariagebiete und anderer durch Insekten übertragene Infektionen, die durch die Erderwärmung immer weiter nördlich vorstoßen, etcétera, etcétera...

In dieser ruhigen und unbemerkten Schlacht, die wir jeden Tag als Art und als Individuum führen, gibt es ohne Zweifel eine elementare Strategie: Das sich Stärken. Dafür gilt es zu kämpfen, und wenn es sich um Kampf handelt gibt es nichts, was dem Weg der Krieger gleichkommt.

Die Kampfkünste haben einige dieser wenigen Formeln von Aktivität, deren Effizienz mehr als erprobt ist, nicht nur als Blitzableiter und Antrieb für unsere Körper, sondern auch unseren Geist, überbeansprucht im Exzess und getrennt von der natürlichen Erfahrung bis zu dem Punkt, dass jenes keine Tatsache (und Recht!) ist, sondern der Erfolg einer Eroberung, eines gut gesteuerten Kraftaufwandes, der mit Nachdruck beibehalten wurde.

Der Gipfel ist, dass die Tatsache des Kampfes selbst zu einer politischen Unkorrektheit geworden ist. Die Mächtigen - die „Hirten" – sind daran interessiert, dass die Herde gemeinsam vor sich hintrottet, dass sie nicht denkt und nicht vom angewiesenen Weg abweicht. Angst ist ihr Werkzeug, und welche besseres Rezept gibt es, als diese mit dem Glauben zu kombinieren, dass man uns einen Gefallen damit täte? In dieser Situation ist der Herdengeist so groß, dass er nur mit der Arroganz vergleichbar ist, die manche glauben lässt, dass wir unrechtmäßige Besitzer von Rechten sind, die uns immun vor der Natur machen, doch für dies gibt es die Religion unserer Tage – oh allmächtige Wissenschaft! Eile uns zur Rettung! Lösche die Natur aus! Doch es gibt niemanden, der diese Dame hinters Licht führen kann – man kann das Wasser in einem Staubecken zurückhalten, doch dieses weiß auf die eine oder andere Weise immer wieder zum Meer zu gelangen.

Das Ausführen des Budo ist eine Form, uns an uns selbst zu erinnern, und zu erkennen, wie zerbrechlich wir sind, denn während wir Budo ausüben, kräftigen wir uns. Es ist eine Form, mit den primordialen Instinkten zu kommunizieren, die trotz Computer und Mobiltelefon immer noch in uns sind - sie sind untrennbar mit unserem menschlichen Wesen verbunden. Eine Weise, die nicht zu vermeidenden Exzesse unserer Lebensform zu lindern: Exzess an Speis und Trank, Passivität, Selbstmitleid, Information, das Denken über Gefühle und die über alles gehenden, gefälligen

Emotionen. Budo erinnert uns daran, dass wir Kämpfer sind, Jäger. Es gibt eine Natur mit der es sich auseinanderzusetzen gilt, deren Gesetze es zu respektieren gilt, Dinge, die im Gleichgewicht sind und andere wiederum nicht, und wenn wir beobachten, dann sehen wir, dass all die Konsequenzen nicht abstrakt oder recht sind, sondern vital und lebendig.

Budo ist ein Amulett gegen viele verschiedene Formen der persönlichen Dummheit: Allmachtsträume (das endet immer damit, dass man einen findet, der einem das gibt was man verdient), Angeberei (es gibt immer jemanden, der es besser macht als man selbst… es gibt immer etwas, das sich einem widersetzt), Steifheit (oder man passt sich an … oder hält nicht durch), Eitelkeit (der Spiegel im Dojo ist ein unbestechlicher Zeuge), Faulheit (es gilt zu trainieren"), etc..

Budo ist auch die Gegenmedizin zur schwachen Spannung von Körper und Geist, ein Weg, die überzogenen Alltagsspannungen zu mildern, ein Balsam gegen die elementaren Frustrationen, welche die Tatsache zu Leben begleiten. Obwohl wir versuchen es zu vergessen, so haben wir doch nur eine begrenzte Haltbarkeitsdauer.

Budo handelt auch vom Tod, und bereitet uns auf kühne, stattliche Weise darauf vor, denn wenn es für uns soweit ist, werden wir ihn kämpfend empfangen, doch mit Gelassenheit, bereit für ihn. Wie sagt doch Castaneda: Man tanze vor dem Tod diese unvergleichliche Kata des Lebens, wissend, dass wir diese letzte Schlacht nicht gewinnen können. Sind wir als Krieger durch diese Welt gegangen, können wir uns zufrieden und erfüllt dem Tod übergeben, denn wir haben ein großes Geheimnis entdeckt: Der Sieg ist nicht das Geheimnis des Budo, sondern die „Nicht – Niederlage". So haben wir im letzten Quantensprung die Macht erobert, die uns mit dem All verbindet, das wir bereits sind.

DER AUSDRUCK DES MYSTERIUMS DES UNSICHTBAREN

„Kampfkünste". Wir sind so daran gewöhnt diesen Ausdruck zu gebrauchen, dass wir meist nicht darüber nachdenken, was Kunst bedeutet.

Wir betreiben Künste des Kampfes, sprechen groß und breit über die Kunst, die Künste, das Kunsthandwerk, die Artistik und die Künstler. Doch könnten wir die Bedeutung definieren, wenn ein Indiskreter oder Neugieriger (die es immer geben soll) mit dieser Frage zu uns kommen würde?

Alles Künstlerische ist umgeben von einem Schein des Zaubers und der Transzendenz, die oftmals die Laien verwirrt oder gar abstößt. Dies schafft einen bestimmten Elitismus, der oft falsch verstanden wird. Ein Elitismus, der sich nicht auf das Soziale beziehen darf, wohl aber auf das Persönliche. Kunst ist keine Frage eines Status oder einer Herkunft, sondern geistige Aristokratie. Doch die schwerfälligen, verschlossenen Sprachen, die Zurschaustellung der Diskurse der Kritiker, jene Metasprache, mit dem sie das Phänomen einhüllen, hat sie von seiner wahren Dimension, dem natürlichen Raum, abgelenkt. Ein Raum, der für jeden zugänglich ist (und man muss nicht unbedingt intellektuell sein!), der sich hineinwagt. Das ist es! Mit Herz, Verstand und fünf wachen Sinnen sollte man bereit sein für die Erfahrung.

Für mich ist Kunst der Ausdruck des Mysteriums des Unsichtbaren.

Das Unsichtbare, obwohl nicht sichtbar, existiert dennoch. Das soll nicht heißen, dass alle Wesen, die am Mysterium teilnehmen, dieses alle gleich wahrnehmen. Es bedeutet einfach, dass das Mysterium nicht sichtbar ist, sondern sich hinter jeder Sache, hinter jedem Sein versteckt.

Die Kunst gehört zur Welt des Mysteriums in der Weise, dass sie in der Lage ist, restriktive Definitionen zu überwinden, die alles durch ästhetische, philosophische und technische Mittel beschreiben wollen. Kunst ist nicht Technik. Techniken können die Werkzeuge sein, durch die wir uns der Kunst annähern, doch wer das ABC auf Arabisch kann, der muss noch lange nicht diese Sprache sprechen oder schreiben, geschweige denn Poesie darin verfassen können.

Wie alles andere, was mit dem Mysterium in Verbindung steht, ist auch die Kunst ein Weg des höheren Bewußtseins. Das Penetrieren in seiner jeweiligen Sprache ist ohne Frage eine Form, uns zu durchschauen, unsere Wahrnehmungsschranken zu durchbrechen, und dadurch auf schönen

Meeren zu segeln wo alles möglich ist, ein Privileg, das bis zu jenem Augenblick nur den Göttern beschieden war. In dieser Einzigartigkeit erlernen wir die Kreativität zu nutzen, die Kunst, aus dem Nichts etwas zu erschaffen, oder einfach mit dem Vermischen von allem etwas Neues und selbstverständlich hochwertigeres als die einzelnen Bestandteile der Vermengung zu schaffen.

Der Künstler wird geboren, aber er kann auch angelernt werden. Angeboren deswegen, weil wir nicht alle mit den gleichen Werkzeugen in gleichem Maße ausgestattet werden, wie mit Sensibilität und Kraft, um zuerst wahrzunehmen und später mit der gleichen Intensität wie das Mysterium des Unsichtbaren auszudrücken. Dadurch, dass wir alle ein Teil von ihm sind (so wie der Tropfen ein Teil des Ozeans ist), können wir bestens den Ausdruck anderer genießen, die auf unserem Weg als unsere eigenen Wahrnehmung des Mysteriums auftauchen. Damit wird ein Künstler auf seine Weise eine Art Auftauchender aus dem Kollektiv. Er nimmt mit seinen Antennen das war, was ausgestrahlt wurde, also „jenes, das die Luft erfüllt" in einem bestimmten Moment, an einem bestimmten Ort, und er ist in der Lage, es bildhaft zu machen und anhand seines persönlichen Ausdrucks neu zu schreiben. Diese Übung ist nicht nur Ergebnis der Tugenden und Defekte des Künstlers, auch wenn die Mehrzahl von Ihnen das Gegenteil denken mag. Es stimmt, dass der Künstler seine „Wahrnehmungen" gestalten und darstellen kann, doch diese pflegen sich von seinen „Schwächen" zu ernähren, seinen „Exzessen" als Individuum. Ein Künstler ist häufig ein aus dem Gleichgewicht gerissenes Wesen, mit Anstrengung danach, eine gewisses Gleichgewicht zu erfahren und erreicht dies auch, indem Teile von ihm im Exzess (Fähigkeiten) sind, welche sich anhand seiner gestalterischen Arbeit die Waage halten, wodurch sein Kampf um die intensiven Unruhe gemildert wird, der die natürliche Tendenz zur Trägheit, die wir alle in uns tragen, aufwühlt.

Man hat schon immer über das Leiden der Künstler im Moment des Schaffens gesprochen, doch richtig ist, dass dieses Leiden vorher geschieht, und es durch den Akt nur beschworen wird. Selbstverständlich ist dies, wie jede Geburt, ein Vorfall, der viel Anstrengung nötig macht und gewissen Schmerzen und das Bewusstsein und eine seltsame Mischung aus Wollen und Aufgeben mit sich bringt. Das Ergebnis ist nicht nur ein ins Gleichgewichtbringen, sondern man erfährt ruhige Freude und eine Genuß ohne Gleichen.

Egal um welche Kunst es sich handeln mag, die Kunst dient dem Künstler und nicht umgekehrt. Das Ziel ist nicht das Werk oder das Ergebnis, sondern der Weg, der zu dessen Realisierung führt. Die wahre Schöpfung des

Künstlers liegt in sich selbst. Was außerhalb von ihm bleibt ist die materialisierte Frucht seines Eroberungszuges, nicht die Eroberung an sich. Was bleibt, hat jene seltsame Qualität der Schönheit und ist in der Lage, auch andere zu bewegen – Milch und Honig versüßen das Leben!

In wenigen Künsten wie den kriegerischen ist das Ergebnis so bildhaft und flüchtig wie in unserer Ausdrucksform. Die Künste des Krieges zeigen sich oft ungelegen und urplötzlich durch die Praxis, und auch wenn man sich solch grundlegenden Dingen wie der Selbstverteidigung widmet, ist das künstlerische Resultat doch immateriell, so wie es Tanz und Musik sind – wir Selbst sind das Material, auf dem wir unser Kunstwerk malen.

Wie auch im Falle anderer Kunstformen gibt es viele Stufen der Darstellung und eine Unzahl von Formeln wie man sich an den kreativen Akt heranzuwagen hat, um das Mysterium zu erreichen und darzustellen. Auf den höchsten Wahrnehmungsebenen haben die Künste des Kampfes die Kraft und das Wesen eines Lebensweges, der unser Sein und unseren Körper gefühlsmäßig und geistig in der Verwirklichung der letzten Wahrheit zur Suche des Mysteriums einsetzt. Dazu gibt es ein Werk, das m.E. diese Dinge wie kein andere auf wundervolle Weise beschreibt: „Zen in der Kunst des Bogenschießens" (Bungaku Hakusi) von Eugen Herriguel. Ich möchte diesen Leitartikel mit einigen Zitaten daraus voll tiefgreifendem Sinn für den Weg des Kriegers beenden. Ich hoffe, diese werden Ihnen gefallen, und ich versichere Ihnen, sie werden auch nicht mehr von diesem Buch ablassen können, so wie ich es seit fast dreißig Jahren auch nicht mehr kann:

„Die Spinne ‚tanzt' ihr Netzt, ohne von der Existenz der Fliegen zu wissen, die sich darin verfangen. Die Mücke tanzt sorglos in einen Sonnenstrahl hinein, verwickelt sich, ohne zu wissen was sie erwartet. Durch beide Tänze tanzt „ES", und das Innere und das Äußere sind eines in diesem Tanz. Auf die gleiche Weise trifft der Bogenschütze sein Ziel, ohne im Äußeren darauf zu zielen".

„Wer sich unhaltbar von dieser Meta (die göttliche Freiheit...) angetrieben fühlt, muss erneut den Pfad der Kunst ohne Kunstgriff gehen. Er muss den Sprung zum Ursprung (und Ursprünglichen) wagen, damit man von der Wahrheit aus lebt, so wie man völlig in ihr aufgegangen ist. (...) Wer in diesem Abenteuer glänzend abschneidet, dessen Schicksal wendet sich hin zur Konfrontation mit der ungebrochenen Wahrheit, der Wahrheit über allen Wahrheiten, der amorphe Ursprung aller Ursprünge: Das Nichts das alles ist, das Nichts das verschlingt und aus dem man wiedergeboren wird".

„Für mich ist Kunst der Ausdruck
des Mysteriums des Unsichtbaren.
Das Unsichtbare, obwohl nicht
sichtbar, existiert dennoch. Das soll
nicht heißen, dass alle Wesen, die am
Mysterium teilnehmen, dieses alle
gleich wahrnehmen. Es bedeutet
einfach, dass das Mysterium nicht
sichtbar ist, sondern sich hinter
jeder Sache, hinter jedem Sein
versteckt"

RASSISMUS, NATIONALISMUS UND AUSSCHLIEßLICHKEIT IN DEN KAMPFKÜNSTEN

„Alle Dinge werden an den Grenzen bedeutend, wo sie aufhören zu sein".
Eduardo Chillida (Bildhauer)

Wissenschaftler haben einen kleinen Teil unserer DNA, der mitochondrialen DNA, einer Gruppe genetischer Marker welche in der Randschicht der Eizelle sitzen und nicht mit den genetischen „Beigaben" von Vater und Mutter verschmelzen. Sie scheinen seit dem Beginn unserer Spezi vor zirka 150.000 Jahren in Afrika, scheinbar unverändert zu sein. Diese Nachricht wird von der Mutter an die Tochter weitergegeben verewigt sich auf diese Weise. Dadurch konnten Wissenschaftler eine Reihe von Familien Typ „Eva" ausfindig machen, welche afrikanischen Ursprungs sind und heute in Italien, Spanien, Naher Osten, etc. leben.

Durch die Analyse der DNA können wir mit Sicherheit sagen, wo unser Stammbaum seine Wiege hat. Die Schlußfolgerung dieser Studie, hauptsächlich an der Universität Oxford durchgeführt, ist außergewöhnlich. Wir unterscheiden uns sehr wenig von unseren Vorfahren und die Unterschiede zwischen uns modernen Menschen sind minimal, denn wir alle haben den gleichen Ursprung. Die Rassen sind lediglich Ausdruck der Anpassung an verschiedene Klimazonen, doch deren Ursprung hängt nicht mit der Abstammung von der einen oder anderen Familie ab. Man kann von der gleichen Familie im Nahen Osten abstammen und Rot, Schwarz, Weiß oder Gelb sein.

Dieses Wissen, daß wir mit Sicherheit alle Brüder sind, wird manchem Unbehagen bereiten, der seine Abstammung woanders herleitet und Unterschiede zwischen sich und anderen ausmachen will, seiner Kultur, seinem Land, ja bis zu seiner eigenen Scholle. Betrachten wir die Dinge aus einer bestimmten Perspektive, geschieht immer das gleiche. Die Unterschiede verschwinden, das Gemeindame tritt hervor, die Gemeinsamkeiten und je nach Sichtweise eben auch das Denken von der Exklusivität, welche sich in jeder Ausdrucksweise immer in den Albtraum der Kurzsichtigkeit verwandelt, was einer meiner Freunde als „mentalen Kleinstbauer" bezeichnet.

Die Gemeinschaft der Krieger ist in Wirklichkeit anderen Kulturen wesentlich offener gegenüber als dies der Durchschnittsbürger ist.

Dies hängt ohne Zweifel damit zusammen, daß wir durch unser Training die kulturelle Vielfalt zu schätzen gelernt haben, welche Osten und Westen unterscheiden. Wessen Meister nicht Koreaner, Japaner, Philippine oder Chinese war, so war es dessen Meister sicherlich. Dies führte in der Anfangszeit immer wieder zu bestimmten Exzessen welche es glücklicher Weise nicht mehr gibt. Damals erschien uns jeder, der die Augen etwas schräg und geschlitzt sitzen hatte als Meister der Kampfkünste! Wir zählten die Liegestütze auf japanisch und als wir begannen Unterricht zu geben, imitierten wir unsere Lehrer bis ins Paradoxe und Absurde und endeten damit, daß wir wie Indianer aus den Filmen sprachen: How! Du schlagen fester! Nicht gut können Position! Du mehr trainieren! Etc. pp.

Manche Meister hatten keinerlei Schwierigkeiten damit, ihre Kunst uns „Westlern" zu vermitteln, wußten sie oft selbst nicht wie sie unsere Kultur angehen sollten. Meistens erlernten sie nicht einmal den korrekten Gebrauch der Sprache ihrer Wahlheimat. Einige erlagen der Versuchung, alle Versuche in Richtung Öffnung Sport oder Verbandsneugründungen hin mit eiserner Hand zu unterbinden, demokratischen Methoden wie der Abstimmung verachtend gegenüber stehend. Andere sahen ihr Dojo wohl eher als privates Jagdgebiet an und mißbrauchten und beuteten ihre Schüler aus. Solche und viele andere Übergriffe wurden schließlich überwunden und wir alle sind seitdem reifer geworden.

Eine andere Form von Ausschließlichkeit ist der Nationalismus. In einigen Ländern mehr als in anderen, kann man kleine Splittergruppen mit chauvinistischem Gehabe sehen, welche denken besser zu sein als andere. Manche schicken mir Zeilen wie „...mal sehen, wann Sie endlich etwas über die Experten unseres Landes veröffentlichen, das sind nämlich die Besten", oder „...und das Einzige was uns interessiert ist das, was in unserem Land geschieht" oder gar „...ich bin der Meinung, daß Ihre Zeitschrift zu viele ausländische Experten vorstellt", und andere Nettigkeiten dieser Art. Glücklicherweise sehen nicht alle die Dinge so, ein Beweis, daß unsere Zeitschrift „gelebt und noch andauern wird", und dies in sehr vielen Ländern und in sieben Sprachen. Doch es läßt sich nicht unterbinden, auch auf solche Menschen zu stoßen, die sich im Nationalismus verrannt haben. Als ich als kleiner Junge zum ersten Mal in ein Flugzeug stieg wurde mir bewußt, daß die Länder aus der Luft gesehen, gar nicht den politischen Landkarten entsprachen. Diese Linien gab es in Wirklichkeit gar nicht!

Meiner Meinung nach ist Ausschließlichkeit in jeder Form der Ausdruck einer tief sitzenden Sache: Der Angst. Angst vor Anderem ist etwas natürliches. Das Andere ist das Unbekannte und dies schreckt uns! Doch man muß diese natürliche Tendenz kanalisieren lernen: Wie immer ist die Lösung nicht im Kampf in der Finsternis zu finden, sondern im Entzünden des Lichts. Man muß sich innerlich bestätigen. Der innerlich Starke fürchtet sich nicht denn er weiß, daß er der Angst antworten wird wenn diese verschwunden ist. Der Schwache, Schmierige, weicht vor dem Druck und benötigt auf irgendeine Weise eine Selbstbestätigung und das beste Mittel dazu ist, eine Linie auf den Boden zu zeichnen, eine Grenze, eine Differenzierung zu setzen. Auch wenn jene

Grenzen nur zeitweise Einverständnisse sind, sie sind definitiv eine Ausflucht.

Patriotismus ist nicht Nationalismus (oder er sollte es zumindest nicht sein!). Man könnte ihn eher als positiven Ausdruck des Nationalismus sehen. Patriotismus ermöglicht es vielen Menschen die gemeinsamen Räume der „nächsten Familie" zu sehen. Die Liebe zu dem Land, das einem das Licht der Welt erblicken ließ oder aufgenommen hat (oder wie sagte schon Don Quijote: „Man ist nicht da zu Hause wo man geboren wird, sondern wo man weidet!"), denn aus der Liebe zum Kleinen kann man die Liebe zum Gesamten erfahren, wodurch man schließlich entdeckt, daß alles Eins ist. Liebe (Eros) ist die alles einende Kraft im Universum. Wer das Gemeinsame erkennen kann, der wird alle Länder lieben und sie als ein einziges Vaterland respektieren, das uns allen gehört. Gea, Pachamam, Venus oder Vaterland sind einige von unzähligen

Ausdrücken für das göttliche Wunder in den Leeren des Weltraum.

Ich begann diesmal meinen Leitartikel mit dem zitat eines großen Künstlers, den ich sehr bewundere. Es handelt sich um den baskischen Bildhauer Eduardo Chillida, der uns vor einigen Monaten verließ. Wie alle großen Künstler hat sein Geist das Unendliche gestreift und er wurde zum Visionär, einem Erleuchteten im kollektiven Unterbewußtsein, er wurde zum Meister. Vielleicht sollte ich den Artikel mit einem weiteren Zitat dieses großartigen Bildhauers beenden, kommt es uns doch

unserem aufgegriffenen Thema zugute. Ich verlasse Sie nun in guten Händen. Bis zum nächsten Monat:

„Ich glaube der Horizont, so wie ich ihn sehe, könnte das Vaterland aller Menschen sein".

DIE FREUNDSCHAFT

„Manchmal malt für uns
das Leben mit einem Pinsel,
uns sträubt es
und es fehlen Wörter,
um zu bezeichnen was es bietet,
für die, die es nutzen können".

(Aus: „De vez en cuando la vida")
Joan Manuel Serrat

Es gibt nichts Edleres im Leben als Freundschaft. Freundschaft ist das stärkste Band zwischen zwei Menschen, eine großzügige Form der Liebe und des Respekts ohne gleichen.

Sympathie und Gemeinsamkeiten sind die zwei herausragendsten Charakteristiken der Freundschaft. Die griechische Silbe „syn" bedeutet mit und „cronos" steht für „mit der Zeit" (Synchronie), Sympathie für „ mit pathos" (mit Hingabe). In einer Freundschaft gibt es ohne Zweifel Herz und Synchronie. Der wahre Freund, der Kamerad, begleitet einen über die Jahre hinweg auf eine Weise, dass man selbst oft eigene und fremde Wandlungen nicht bemerkt. Er ist immer unser Bruder, man kann bei ihm seine Maske (antikes Wort für „Person") ablegen und sogar über sich selbst lachen. Die Jahre, die man sich nicht gesehen hat, sind bedeutungslos, man wird sich mit ihm immer an dem selben Punkt finden, an dem man sich trennte, Dicebamus hesterna die – der Seelenfreund ist zeitlos.

Freunde sind wie zwei aufeinander abgestimmte Saiten einer Gitarre, im selben Ton schwingend, das Leben berührt eine, und die andere schwingt. Meinen Freunden habe ich die schönsten Augenblicke meines Lebens zu verdanken, sie haben mich auch in den schlimmsten Momenten getröstet. Auch ihr bester Rat war nicht so viel Wert wie ihre Begleitung, ihr Respekt und ihre Wertschätzung für mich. Wenn mich der schlimmste Horror heimsuchte und ich wie Asterix und Obelix glaubte, der Himmel würde über mir einstürzen, lasen sie in mir wie in einem offenen Buch, halfen mir, oftmals durch ihre bloße Anwesenheit, schwangen sich an meine Seite und blieben immer sie selbst.

Meine Freunde sind besonders. Normalerweise älter als ich, stellen sie in ihrer Einzigartigkeit Wegweiser für mich dar, die ich im Detail und mit Hingabe studiere. Auch wenn jeder von ihnen einzigartig ist, so bewahren sie mich doch vor jenen Gefahren, die uns alle betreffen, allein durch die simple Tatsache, dass wir Menschen sind. Sie senden mir vertrauliche Nachrichten, sind ein Quell der Weisheit und eine exemplarische Kritik. Als sie selbst einmal Schiffbruch erlitten, zögerte ich keine Sekunde sie zu retten! Als sie strauchelten, fing ich sie auf, ob dies nun an der Theke einer Kneipe oder im Krankenhaus war. Sie wissen, dass sie auf mich zählen können.

Meine Freunde erfüllen mich mit Stolz. Jeder von ihnen ist einzigartig, ein unglaublicher Mensch, zu dem man aufsehen kann. Ihre Schwächen machen sie menschlich und sie helfen ihnen, zu wachsen und zu reifen. Und ihre Talente! Diese wachsen, wenn ich bloß an ihrer Seite bin, denn ich glaube mit so großer Kraft an sie, dass nur das Beste aus ihnen hervorkommt. Und auch ich bin an der Seite meiner Freunde besser. Sie tragen Positives in sich, zerstören die Dunkelheit durch ihre Anwesenheit und vernichten das Schrecklichste mit einem gewaltigen Humor. Lebendig, clever, tiefgründig, nachdenklich und verständig wissen nur sie mein dichtes Leben zu verstehen, jene wichtigen Dinge, die so wichtig sind.

Die Freunde erleuchten unsere Leben, erinnern uns an die Dinge, die wir noch nicht getan haben, durch sie finden wir zurück und werden wieder Kind. Während wir an ihrer Seite lachen, mäßigen wir den Angriff des Stieres des Lebens, verteilen die uns umgebenden Spannungen, erwachen aus der Verwirrung des Alltäglichen, erinnern uns, dass das Leben auch Fluss und Freude ist.

Freunde sind der größte Segen im Leben eines Menschen. Und man kann sie an einer Hand abzählen! Denn wahre Freunde sind selten, so wie es auch immer schwieriger wird, neue Freunde hinzuzugewinnen. Doch das Leben war großzügig zu mir und ich habe das Glück, diesen Schatz immer noch erweitern zu können, in diesem Klub, in dem ich der einzige Dirigent bin. Wer Mitglied ist hat nur wenig Rechte, doch alle sind unvergänglich: meine unzweifelhafte Treue, meine Unterstützung, Respekt, meinen Rat (wenn sie ihn möchten!), Zuneigung und meine vollste Aufmerksamkeit oder was sonst noch fehlt, um unser Tandem besser zu machen.

In dieser dichtgedrängten, verschlungenen, interessanten und ruinösen Welt, wo der niederträchtige Egoismus den Alltag bestimmt, gibt es eine Gruppe gleichgestimmter Menschen, die mit der Wärme der Freundschaft den Alltag herausfordern. Auch wenn ich noch hundert Jahre zu leben

hätte, niemals könnte ich ihnen meine volle Dankbarkeit für ihre Existenz aussprechen. Und wer nicht weiß, wovon ich rede – der ist ein armer Tropf!
Das Leben ohne Freundschaft ist es nicht wert, gelebt zu werden!

IM AUGE DES HURRIKANS

„Um schnell zu fliegen, muss man die Flügel falten".
Juan Salvador Gaviota. Richard Bach

Wir Menschen unterteilen die Jahre in Etappen. Von den einfachsten Bezeichnungen „schlechte Zeiten" über die genußvollen „guten Zeiten". Manches Jahr kann mit dem Ausdruck der Englischen Königin als „annus horribilis" bezeichnet werden. In anderen, sehr seltenen Zeiten, die wir ab und zu vergessen, gab es auch Abschnitte, in denen alles glatt lief, eine Zeit der „Rosen und des Weins". Selbst im Auge des Hurrikans sind die Winde weich und der Himmel erscheint blau.

Schmerz, Verlust, Verdruss, Verwirrung, Mutlosigkeit..... Die Liste ist endlos: aber gibt es wirklich so viele „schlechte" und nur so wenig „gute" Dinge?

Die Erinnerung ist eine essentielle Waffe des Bewusstseins und trotzdem wir wissen nur sehr wenig über bewusstes Sein. Wir wählen die Dinge aus, an die wir uns erinnern möchten, doch eben jener Prozess scheint immer noch ein großes Geheimnis zu sein.

Welches ist Ihre erste Erinnerung? Niemand kann dies mit Exaktheit sagen, denn der Begriff „Zeit" ist keine Variable, die gut mit der Erinnerung Hand in Hand geht. Die tiefgründigsten Betrachter haben die intensive Beziehung zwischen Erinnerung und Gefühl erkannt. Und trotz allem nehmen wir immer noch offensichtlich verbindungslose Details wahr, die mit dem jeweiligen Geschehen in Verbindung stehen, Besonderheiten, die irrelevant erscheinen und die seltsamerweise in der Lage sind, Gestalt anzunehmen während wir essentielle Dinge des Ganzen vergessen oder solche, denen wir weitreichendere Bedeutung zumessen. Eine der Waffen der Erinnerung in ihrer Beziehung zu den Gefühlen ist das Vergessen. Wir schaffen es, Dinge zu vergessen, die wir nie vergessen wollten, doch plötzlich verschwinden sie aus unserem Geist. Die widrigen Momente bleiben seltsamerweise stark in unserem Gedächtnis verhaftet, so dass wir anhand derer einen regelgerechten Kalender unseres Lebens erstellen könn(t)en. Der körperliche Schmerz bezeichnet Augenblicke, doch ohne Frage ist es der Schmerz der Gefühle, der sich uns ins Blut einprägt und einen unauslöschbaren Eindruck in unserer Erinnerung hinterlässt.

Gerade die Zeiten voller Schwierigkeiten sind es, in denen die Ruhe des Kriegers gefragt ist. In den Zeiten großer Turbulenzen sind unsere persönlichen Wandlungen wirklich angesagt. Und dies ist der einzige positive Sinn der darin liegt: Dank unserer Fähigkeiten lernen wir daraus, unser Selbst zu befragen und dadurch unsere Schwächen und Fehler zu überwinden. Sie (diese Wandlungen) dienen dazu, unsere Tugenden zu bestätigen, um uns an unseren wahren inneren Wert zu erinnern, um unsere Absichten in diesem Leben zu untermauern und um auf diese Weise mit dem großartigen Vorhaben unseres Lebens zusammenzuarbeiten, damit wir nicht die Richtung zu unserem wahren Lebenshafen aus den Augen verlieren.

Angesichts dieser Schwierigkeiten gibt nur zwei Möglichkeiten: Beugen oder Wachsen. Beugen vor den schwerwiegenden Tatsachen ist keine empfehlenswerte Einstellung, auch wenn wir Kampfkünstler den Spruch kennen, dass der Klügere nachgeben soll. Dieser Spruch hat aber nichts mit Aufgabe zu tun, sondern mit respektvollem Nachgeben, mit Anerkennung und Anpassung. Das sind die Schlüssel zu positiven Wachstum. Wehren wir uns gegen den Wandel und werden hart, können wir untergehen. Trotz allem sollte man eine minimale „positive Anspannung" bewahren, damit man nicht bei jedem Windhauch einknickt. Die Strategie? Warten, Widerstehen, Bewahren des Positiven, geduckt in der eigenen schmalen Position verharren, Lauern auf den Moment des Gegenangriffs. Ist dann der Moment gekommen, in dem man vor dieser Schwierigkeit zu „Wachsen" hat, man muss dann die Flügel ausbreiten und so hoch fliegen wie man nur kann. Wer auf „Macho" Weise wachsen will, schwächt nur seine Struktur und beschäftigt sich lediglich mit oberflächlichen Problemen, denen er dadurch wesentlich mehr Gewicht gibt als sie wirklich haben.

Probleme nehmen nicht ab, sie verlangen uns Demut ab, eine natürliche Konsequenz vor deren Gewicht, das sie auf uns legen. Und gerade deswegen dürfen wir nicht zulassen, dass sie uns festnageln, uns paralysieren und erschrecken oder einschüchtern. Unter diesem Druck sollte man eben jene erwähnte „positive Spannung" beibehalten, so wie es das Bambusblatt auch tut. Eine „Spannung ohne Anspannung" hält uns flexibel und wir können uns dadurch wandeln, eine beständige Einstellung beibehalten, die Kraft aufrechterhalten die unser Selbst aufrechterhält.

Wie sagte doch Juan Salvador Gaviota: „Um schnell zu fliegen, muss man die Flügel falten". Wenn man dem reibenden Wind weniger Angriffsfläche gibt, ermöglicht es uns das Leben, leicht über den Wolken zu schweben, wir sind dann weniger anfällig für die Launen des Windes und seine Wandlungen, sind dann weniger anfällig für das Unerwartete. Wer fliegt, erkennt die Sonne, und alles erscheint ruhig und gut zu sein, doch wir misstrauen dem wie es Ulysses tat, doch das Schlimmste was man tun kann, ist in das Auge des Hurrikans zu treten.

DIE HÖCHSTE LEHRE DES KAMPFES

*„Derjenige, der etwas tut, hat die ganze Welt gegen sich:
die, die das Gleiche tun wie er, die,
die das Gegenteil tun und die, die gar nichts tun".*

Es dürfte jedem klar sein, dass der Kampf an sich das Wesentliche der Kampfkünste ist, der erste und letzte Grund ihrer Existenz. Die Konfrontation mit einem anderen Individuum, einem Gegner, ist nur eine weitläufige Nachahmung des wahren Kampfes des Kriegers, des Kampfes gegen sich selbst.

Der individuelle Weg des Lernens ist nur durch eine Sache möglich: das Messen seiner Selbst mit der Welt. Kämpfen ist nicht nur ein Teil des Gesamtwerkes, das ein Schüler zu lernen hat, sondern auch der konkrete Ausdruck dessen weswegen er eigentlich studiert. Sich einem Gegenüber zu stellen prüft nicht nur das technische Können, sondern vor allem Selbstbeherrschung und den Reifegrad.

Aggressivität hat eine spezifische Funktion zum Schutz des Ich, auch wenn dies in unserer modernen Gesellschaft als etwas Undankbares und Ungesundes angesehen wird. Gewalt und Aggressivität sind zu einem Synonym für „das Böse" geworden. Dies sollte niemanden überraschen, denn eine Gruppe fürchtet den, den sie bewundert, der die Normen oder das Gleichgewicht bricht, der Unruhe in den Laden bringt, der jede Handlung dynamisiert und das Leben auf eine andere als die etablierte Weise lebt. Auch wenn Individuen in unangenehme Situationen geraten, in reinste Tyranneien und Horrorszenarien für alle, so neigt die Gesellschaft des Herdentieres Mensch dazu, den Fähigkeiten und Handlungen von Individuen mit Sympathie zu begegnen, die die herrschenden Werte durch ihr Vorgehen in Frage stellen. Die gleiche Art Mensch ist es, die über große Führungskräfte verfügt, die große Kräfte entfesseln können, die die Büchse der Pandora zu öffnen verstehen. Es gibt viele Beweise für die Reaktionen der beiden Lager in der Geschichte der Menschheit, Geschichten voller Überraschungen, und verstimmt und verärgert versuchen heute einige, jene Vorfälle aus der heutigen Sichtweise der Welt zu sehen. In jedem Falle stimmig ist, dass in Zeiten des „Friedens" und in modernen Gesellschaften Aggressivität als Kraft und Manifestation der menschlichen Natur als etwas Verbotenes und zu Unterdrückendes angesehen wird. Unsere Körper erleiden diese unter- und erdrückende Spannung und sie zeigt sich dort auch in folgenden Symptomen: gerunzelte Stirn, verspannte Schultern, Steifheit und selbstverständlich verspannte Kiefer und Zähneknirschen in der Nacht - die einzige

Gelegenheit, bei der das Bewusstsein Aggressivität zulässt – eine Modekrankheit und sehr verbreitet. Man frage nur einen befreundeten Zahnarzt!

Die Kampfkünste sind eine positive Antwort darauf, sie kanalisieren jene Natur wieder, sie entdecken sie neu und man kann sie genießen, wodurch man in die Lage versetzt wird, jedem Menschen auf seinem Weg zu dessen wahrem Sein zu helfen, hin zu jener totgeschwiegenen, ausgelöschten und unterdrückten Seite. Hin zu jenem Raum, in dem das Tier in uns erhört werden will, akzeptiert und in unser totales Ich einbezogen werden möchte. Und in diesem Kampf muss sich der Neuling dem Gesicht seines Selbst stellen, diesem seltsam abgelegten Etwas seiner Selbst, das sonst so tief versteckt und verneint ist, dass er oft nicht weiß, wie er es anzugehen hat. Diejenigen, die schon einige Zeit mit dieser Arbeit beschäftigt sind, wissen, dass es zwei Arten von Reaktionen gibt:

1) Die stark unterdrückte und beengte Person ist unfähig zu schreien, Techniken auszuführen. Sie versteift sich noch mehr, um sich zu schützen, ab und an ist ein Ansatz von Technik zu sehen oder etwas, das entfernt an den Unterricht erinnert. Das sieht aber eher so aus, als würde man nur mit den derzeitigen Umständen so einigermaßen fertig werden wollen, auf schlechte und unkoordinierte Weise, und man glaubt, dass es das ist, was von einem erwartet wird. Man ist bleich und steif, man hat Schüttelfrost und zeigt eine starke innerliche Beklemmung. Selbstverständlich sollte dann ein Meister dabei sein, der eben diese Effekte kontrolliert und kanalisiert, damit der Schüler nicht sich selbst oder anderen Schaden zufügt.

2) Die Person hat keine Kontrolle, zeigt seine Aggressivität offen und jähzornig gegenüber seinen Trainingskollegen. Er skizziert Techniken, die er mehr oder weniger gut erlernt hat, er verwirrt sich, schreit ständig, wird rot und versucht, seinen Gegenüber zu stoppen, indem er auf tölpelhafte Weise nach vorn geht. Doch seine Schreie legen seine eigene Angst offen, die er in seinem Innern verspürt, er hat Angst statt Kraft und ihm schwindelt angesichts der Leere, die er in seinem Innern findet. Ihm is Bange wegen seiner Verwundbarkeit, und seine Wut richtet sich gegen seine Unfähigkeit, eine chaotische Situation zu ordnen, die schnell seine Erschöpfung herbeiführen wird.

Für einen Experten ist ein Kampf etwas völlig anderes. Ein Kampf ist eine Gelegenheit, um sich mit jemand Anderem zu messen, doch vor allem, um dabei einen Genuß zu verspüren, der aus dem Maß nehmen an seiner Selbst stammt. Für ihn ist der Gegner ein völlig Unbekannter, der entschlüsselt werden muss. Man hat seine starken Seiten zu erkennen, zu bewerten und muss die Schwachstellen aufdecken, die angegriffen werden müssen. Der Gegner, nicht notwendigerweise ein Feind, ist ein Spiegel unserer Selbst. Seine Schläge zeigen uns einige unserer Schwachstellen, denn er versucht wie umgekehrt wir, unsere Stärken zu meiden, die schwachen Punkte anzugreifen und jede Unentschlossenheit in unserem Denken und jedes Deckungsloch auszunutzen. Jede Disharmonie in der Totalität unseres Seins wird ausgenutzt.

Und hat man erst einmal die technischen Aspekte überwunden so wird ein Kampf zum Vergleich zweier Geister, die sich gegenübertreten. Alle Großen der Materie haben darüber gesprochen. Musashi, Sun Tsu und viele andere haben Milde und Bescheidenheit des Kriegers als ein wesentliches Werkzeug bezeichnet, um den mentalen, körperlichen und spirituellen Zustand zu erreichen, den wir bei großen Meistern wahrnehmen können. Jener Zustand wurde mit vielen Namen belegt und man versuchte, ihn zu umschreiben, z.B. als „die absolute Leere". Dies erfordert das Losmachen von allen weltlichen Angelegenheiten und das vollständige und unmenschliche Gefühl, dass nichts, aber auch gar nichts Bedeutung hat. Weder Sieg noch Niederlage ist bedeutend, alles wird auf das unmittelbare freie und fließende Leben im Hier und Jetzt reduziert. Nur aus dieser Leere heraus ist der Experte in der Lage, seinem Gegner zuvorzukommen, er reduziert dessen Effektivität, indem er jede Aktion im Voraus versteht, diese verhindert, wodurch das Duell eine weise und adäquate Aura erfährt. Der Gegner wird mit geringstem Kraftaufwand und maximaler Effizienz neutralisiert.

Wer einmal, wenn auch nur zufällig, die jenem Zustand innewohnende Kraft erfühlt oder gesehen hat, der weiß, dass diesem nichts gleichkommen kann, und dass dies der Grund und das Ziel war, das man all die Jahre verfolgte, um die Meisterschaft des Kämpfens zu erlangen. Nur wenn wir in der Lage sind, in der Hitze des Gefechts mit Ruhe zu fließen, können wir sagen, dass wir verstanden haben, was der Kampf uns lehren will.

Viele zu besiegen ist ein Beweis hoher technischer Fertigkeit, doch der Sieg über sich selbst, so wie es Tao Te King fordert, dies ist das Zeichen der Weisheit.

POLITISCH KORREKT!

„Nur wer die Dinge mit Ruhe angeht,
welche die Menschen in der Welt beschäftigen,
kann sich mit jenen Dingen auseinandersetzen,
welche die Menschen dieser Welt nicht mit Ruhe angehen".
CHANG CHAO

Es gibt Dinge, die man dieser Tage nicht sagen darf, und noch weniger sollte man über sie schreiben.

Eine neue Form der Zensur, wie alle auferlegt vom Mittelmaß, öffnet Glück und Unglück Tür und Tor in unserem Okzident. Es handelt sich um die „politische Korrektheit".

Einmal mehr ist das Universalgesetz des Pendels angestoßen die „Beschreibung der Welt" neu vorzunehmen, d.h. der Gesellschaften mit den Dingen, welche jene als Gut oder Böse ansehen, als Exzellenz oder Unheil. Dies geht – wie schon immer – einher mit der Unterstützung der größten Ignoranten, jener Menschen, die solche Dinge nur unter einer einzigen Kathedrale akzeptieren – der ihrigen. Und davon gibt es viele...

Die Priester der modernen Gesellschaften (sie tragen nun weiße Kittel und Krawatte!) entwickeln ihre Diktate und Verordnungen, schütten diese durch die Massenmedien aus, welche sich nur selten daran trauen, deren „heilige Worten" in Frage zu stellen. Das Ergebnis? Eine vollgepackte Verrohung der Neuronen, ein wiederholtes Blöken der Schafsherde, ein ständiges Wiederholen von Lügen, die oft nicht mehr gleichen als Vogelscheuchen.

Beispiele? Kann ich denn Beispiele bringen, ohne im Ketzerfeuer zu brennen? Sicherlich nicht, würde ich Dinge in Frage stellen wie die positive Diskriminierung (kann eine Diskriminierung dies überhaupt?), die Gesetze gegen das Rauchen, die Idee, daß die Kampfkünste gewalttätig seien. Und so viele andere Dinge, an die man am besten nicht ausspricht! Aus diesem Grund würde ich dies auch nie vor einem öffentlichen Tribunal tun (würde ich so denken), denn das einzige was ich ernten würde wäre ein Skandal und selbstverständlich würde ich den Bannfluch jener ernten, die ex catedra sprechen. Ich würde mich verurteilt sehen, Argumente voller Dummheit anhören zu müssen – und diese wiederholt bis zur Erschöpfung. Und was noch viel schlimmer ist, jene Argumente sind als universale Wahrheit anerkannt, sind zu Tatsachen in der Öffentlichkeit geworden, nicht anzuzweifelnde Dogmen, akzeptiert von jedem, in Frage gestellt von keinem.

Das Eingesetzte erscheint uns immer als etwas felsiges, etwas uriges; es formte sich durch die Zeit, durch die Sedimentierung der Ereignisse, durch Ablagerung vieler Leben. Das Eingesetzte erscheint uns heute unbeweglich, doch gerade durch dieses wissen wir mit absoluter Sicherheit, das eben jene Festsetzung morgen nicht mehr sein wird. Gibt es denn etwas beständiges, dann ist dies der Wandel an sich, denn alles hängt ab vom Universalgesetz des Pendels, den Gesetzen des Widerstandes und der Ergänzung, den zyklischen Gesetzen... Das sich immer wandelnde, unendliche Tao mag wunderbare Spekulationsmöglichkeiten (über gerade jenes selbst!) anbieten, man könnte die Dinge in Frage stellen, die alle Welt heute als Wahrheit akzeptiert. Die Menschen maßen sich an, die Natur zu verbessern und oft genug sehen wir darüber nicht, daß wir meist das Gegenteil vom Gewollten erreichen. Wir kämpfen gegen die Bakterien mit Antibiotika...dadurch erreichen wir, daß jene nur noch stärker werden und wir nur schwächer....wir wollen die Luft in unseren Häusern erfrischen und heben durch unsere Klimaanlagen die Temperatur im Außen....wir verurteilen Gewalt als etwas Schlechtes, wollen sie einkapseln, doch sie wird immer wieder ausbrechen, erstarkt und neu ausgerichtet, etc., etc.

Doch nicht alle von uns vermögen vor diesem Spektakel stumm verbleiben, eingeflößt durch einen Funken des Versprechens, vorangestoßen durch die eigene Dummheit – und erreicht wird das Gegenteil. Zu guter Letzt leben wir in der Zeit, in die wir hineingeboren wurden, wir sind die Darsteller dieses konkreten augenblicks der menschlichen Entwicklung und auf eine Weise bemerken wir, daß wir zu jenem Stamm gehören, und auf unsere Weise lieben wir diesen mit all seinen Fehlern – und sogar die Fehler lieben wir noch!

Es gibt noch so viele Formen das Chaos zu verwalten, doch die idiotischen zählen nicht zu meinen Favoriten. Noch nie haben mir die Feuer gefallen, welche Ideen nieder brannten, Bücher oder gar Menschen. Ich gestehe, daß mich Verbote belästigen, doch dies sind wahrscheinlich die Reste des Rebellen, der einst in mir war. Ich denke, das Schaffen einer Grenze ist die beste Weise jemanden zu animieren, darüber zu springen. Doch dazu sollte man auch die Höhe bedenken, die Notwendigkeit die Ordnung zu verwalten, und unter diese Formen zähle ich immer jene, welche die Vorfälle zustande kommen lassen, anstatt die Kraft zu nutzen, jene zu unterdrücken. Ich bin viel eher Freund der intelligenten Methoden, welche die eigenen Fehler ihrer Schöpfer kennen, die einen Spielrahmen vorgeben, damit man sich angleichen kann. Ich bevorzuge das Flexible aber Feste, denn ich liebe unabänderlich das Wunderbare und den Sinn des Menschen, den gesunden Menschenverstand (diesen am seltensten vorhandenen Sinn!). Mir gefällt es, diesen zu entdecken, mit jener emotionalen und pragmatischen Intelligenz, welche die Grenzen des Geistes nicht kennt und die dadurch lehrt, wie man jede Idee mit Kreativität anwendet, jede Schlußfolgerung mit Großzügigkeit, auf großartige Weise eben, freundlich und höflich.

Es gibt viele Dinge die ich nicht glaube, viele Meinungen die ich nicht teile, lauthals gesprochene Wahrheiten, verlautbart von „autorisierten" Stimmen, aber ohne Autorität, welche sich uns als universale Wahrheiten auferlegen wollen, abeı nicht mehr sind als vergängliche Meinungen. Wie werden unsere Enkel darüber lachen wenn sie lesen werden, was wir über Gesundheit schrieben, Wissenschaft, Gesellschaft, usw.! Dann werden sie uns richten, so wie wir dies heute mit jenen tun, die Galileo brennen ließen, nur weil er bestätigte, daß die Erde um die Sonne kreist und nicht umgekehrt, oder jene welche behaupteten, daß die Erde flach sei, jene, welche zuließen, daß man die Neger versklavte, da die zahmen Einheimischen ja keine Seele hatten....

Ich glaube nicht, daß die Evolution ein langsamer Prozeß anhand der Zeit ist. Ich glaube eher, daß sie durch kulturelle Sprünge zustande kommt. Ich denke, daß dies keine Zufälle sind, sondern Frucht der Tapferkeit und des Talents der Menschen die da waren, welche sich heranwagten das Gewesene zu hinterfragen, das Eingerichtete, das Akzeptierte. Immer waren es jene Wesen die verantwortlich für die Wandel unserer faulen und es sich gemütlich machenden Spezi waren. Das führte unausweichlich dazu, daß wir alle einmal die Gruppe jene a, liebsten an die Wand hätten nageln können oder im Feuer brennen sehen wollten.

Heutzutage muß man die Dinge ja nicht mehr auf solche Weise zerstören, jene widerspenstigen und aufrührerischen Stimmen: zu groß ist der Lärm im Hintergrund – wir können diese Stimmen ja nicht einmal mehr hören! So schlimm ist das Aufgehen im Herdengeist, daß es sich niemand mehr getraut, einmal anders zu Sehen, und außerdem ist dies ja auch „politisch korrekt".

Unterdessen, geehrte Damen und Herren Inquisitoren, handeln Sie mit Ihren „guten Absichten" und Sie mögen mir doch erlauben, daß ich Sie an den Spruch erinnern darf, daß „Gott uns von den guten Absichten befreit". Sie sind die Retter der Menschheit, und der andere Spruch, daß „Gott uns von unseren Freunden befreie, um die Feinde kümmern wir uns selbst" mag für sich sprechen. Und möchten Sie mir glauben machen, daß Sie im Besitz der absoluten Wahrheit sind, kann ich nicht umhin sie an ein weiteres Sprüchlein zu erinnern: „Es gibt nichts Blödes das Gut ist".

Nein! Heute werde ich nicht politisch inkorrekt sein. Wie hat doch jemand viel bedeutenderes einmal gesagt: „Wer Augen hat, der siehe. Wer Ohren, der höre".

„Die Menschen maßen sich
an, die Natur zu verbessern
und oft genug sehen wir
darüber nicht,
daß wir meist das Gegenteil
vom Gewollten erreichen"

JIMY: GEBORENER ARISTOKRAT, TOTER KRIEGER

> *„Man hoffe nicht, eine geheime Technik zu finden,*
> *man perfektioniere besser seinen Geist mit beständigem Training.*
> *Dies ist der Schlüssel zum Sieg".*
> **Kyuzo Mifune**

Er war ein schönes Hündchen, zimtfarben. Von seiner Geburt an, wuchs er zwischen Baumwolle und Liebkosungen auf. Nach seiner Entwöhnung kam er bald zu meiner Tante Lala, um im Haus der Familie Tucci zu leben; in der Strasse Lavalle, in Buenos Aires. Lala war eine Mutter mit Leib und Seele, hatte sie doch viele Jahre damit verbracht, ihre neun jüngeren Geschwister groß zu ziehen. Nun hatte sie in Jimy das perfekte Objekt für ihre Liebe und Aufmerksamkeit gefunden.

Jimy wuchs auf, und aß wie ein Prinz: Schlachtabfälle von freilaufendem Huhn, Pasteten, wohlschmeckende Plätzchen, etc. Wie nicht anders zu erwarten, machte diese füllige Ernährung seiner Gesundheit ein Ende. Eines schlechten Tages verstummte die gewohnte Freude von Jimy und machte großen Schmerzen Platz. Sofort rief man nach dem besten Tierarzt. Dieser untersuchte ihn, runzelte ernst die Stirn und gab dann seine Diagnose kund: „Fettleber. Zuckerkrank. Eine Diät ist unumgänglich". Von da an begann Jimy, immer wohl umsorgt, seine Reissuppe und geschälte Äpfel zu essen –natürlich waren die Äpfel frisch geschält, damit sie nicht oxidierten!

Jimy war also ohne Frage ein eigentümlicher Hund, und besonders intelligent. Das wohlbehütete Aufwachsen und die von der Familie erhaltene gute Ausbildung, ließen ihn zu einem Mitglied dieser werden. Als sich all dies zutrug, war ich noch ein kleines Baby, doch Jimy verstand sehr schnell, dass ich Teil seines Rudels war. Jedes Mal, wenn ich zu ihm ins Haus kam, sprang er um mich herum, rieb sich an mir und passte auf mich auf. Er bemühte sich darum, dass keine Raupennester in meinen Korb fielen, während ich unter einem Baum auf dem Grundstück des Landhauses meiner Familie „La Magdalena" schlief. Unter all den Anekdoten ist die besonders bemerkenswert, als ich während der Siesta in einem Haus schlief, welches dem Gebäude angrenzte, in dem sich die Älteren versammelt hatten. Jimy blieb wie immer an meiner Seite, nicht ohne vorher die genauen Anweisungen seiner Herrin zu hören, die er perfekt zu verstehen schien. Kurz nachdem wir allein waren, begann Jimy leise zu wimmern, doch niemand wurde darauf aufmerksam.

So erhob er seine Stimme mehr und mehr, bis meine Mutter und meine Tante Lala darauf aufmerksam wurden und ins Zimmer kamen. Jimy, mit aufgebauschtem Rücken und an das Bett gedrückt, hielt so das Baby, das sich im Schlaf gewälzt und gefährlich bis zum anderen Ende des Ehebetts gekrabbelt war. Der Hund war in einer unbequemen Position und wimmerte, doch tat er dies sehr leise, damit ich nicht aufwachte. Ab diesem Moment, wenn auch unbewußt, begann ich eine besondere Beziehung mit meinen Freunden aus dem Hundereich aufzubauen. Eine Beziehung, die meine Leser aufs Beste kennen.

Eines Tages musste meine Tante Lala für eine Woche Buenos Aires verlassen, so dass sie Jimy meinem Onkel Babo in Obhut gab. Dieser war damals noch aktiver Coronel und ging mit Jimy hinaus in den Waldpark von Palermo. Es wurden lange Spaziergänge gemacht, in denen Jimy wiedergeboren wurde und seine Gesundheit verbesserte. Bei einem dieser Spaziergänge geschah es, obwohl Jimy immer sehr gut auf die Zurufe reagierte, dass er auf mysteriöse Weise verschwand. Verzweifelt suchte ihn mein Onkel bis zum Einbruch der Nacht, doch umsonst. Jimy, dieser seidenzarte Hund, würde nicht überleben, sagten alle. Dieser verwöhnteste aller Hunde!

In der darauffolgenden Woche setzte mein Onkel mit einem ganzen Regiment alle Hebel in Bewegung, um den Hund seiner Schwester zu finden. Die Soldaten suchten in den Wäldern Tag und Nacht, und die Beklemmung meines armen Onkels Babo wurde immer größer. Babo, dessen richtiger Name Eduardo Aníbal war, durchsuchte zu Fuß und zu Pferd – nicht wie sein Namensvetter, der General von Karthago, auf Elefanten - den großen Park, den das schöne Buenos Aires sein eigen nennt. Wie sollte er seiner Schwester nur erklären, dass Jimy verschwunden war? All seine Bemühungen waren ergebnislos gewesen und schließlich musste er sich eingestehen, dass Jimy verloren war.

Die Parkwächter von Palermo, die meinen Onkel bestens kannten, erzählten diesem Monate später, dass sie Jimy mehrere Male gesehen hätten. Der verwöhnte Hund war der Chef der streunenden Hunde, welche in großen und wilden Meuten lebten. Die Parkwächter versuchten ihn mehrere Male zu fangen, doch vergebens. Jimy, immer auf der Hut, war in einer Form, die ihren Versuchen spottete und lebte seine Tage als Kopf der wild umherstreifenden Hunde in den Wäldern von Palermo.

Meine Tante hatte weitere Hunde, und nannte alle Jimy, doch JIMY gab es nur einmal.

Aus dieser Geschichte, einer nicht fabulierten Fabel, können wir alles etwas lernen. Jimy, das Paradigma des intelligenten und lieben Hundes, wurde zu einem wilden Anführer, und war in der Lage, wesentlich größere Artgenossen zu unterwerfen – und all dies nach einem Leben voller Annehmlichkeiten! Er konnte schließlich zeigen, dass er in der Lage war, den Wolf, den er in sich trug, aus sich hervorzuholen.

Es gibt manche, welche die Freundlichkeit des Starken, die Liebenswürdigkeit und Offenheit eines mit Liebe erzogenen Wesens, mit Charakterschwäche verwechseln. Es gibt solche die behaupten, wer nicht kämpfen wolle, tue dies nur aus Feigheit heraus.

Edelmut war schon immer ein Privileg der großen Geister. Nur kann dies der Schwache in seiner Armut nicht verstehen. So wie ein Strassenköter die Zähne fletscht und knurrt, hat er doch zur selben Zeit den Schwanz zwischen die Beine geklemmt. Der Schwache wird aggressiv aus Aufregung und Angst, und dies verurteilt ihn dazu, immer häufiger so zu reagieren und schmerzhafte Reaktionen auf seine nicht adäquaten Aggressionen hinzunehmen. Derart in den launischen Kreis des Terrors eingetreten, wird er nicht halten, das zu ernten was er säte. Ein solches Benehmen kann man nicht dadurch rechtfertigen, dass man die Schuld an der eigenen Misere „den anderen" gibt, anstatt die Verantwortung über das eigene Leben selbst in die Hand zu nehmen. Man breche mit der Kette des selbstzugefügten Schmerzen! Oder gibt es eine eiligere Aufgabe?

Großzügigkeit und Höflichkeit mit Schwäche zu verwechseln, ist ein häufiger Fehler, begangen durch die Unsicherheit, systematisch andere zu beschuldigen, anstatt mit sich selbst ins Reine zu kommen. Malorum causae ist man in der Lage zu diskriminieren! Hinter der Maske eines süßen Hundes verbirgt sich in Wirklichkeit ein wilder Wolf.

DAS KAMPFKUNSTKINO IST TOT
ES LEBE DAS KAMPFKUNSTKINO!

„Daß alles Leben ein Traum ist und die Träume, Träume sind".
Calderón de la Barca

Ein guter Freund von mir, ein Cineast par excellence, Verteidiger ohne Schranken der siebten Kunst, fleischgewordener Kinosessel und früheres Mitglied im Kinoforum, überraschte mich vor kurzem und bestätigte mir: „Heute macht man kein Kino mehr. Jetzt dreht man nur noch lange Videoclips".

Ich wollte ein wenig gegen diese Stimmung vom Typ „früher war alles besser" angehen, doch es ist wahr, daß die Traumfabriken der früheren Zeiten sich in einen Schaukasten der Computer- und Informatikindustrie verwandelt haben. Die Spezialeffekte, früher lediglich als Beihilfe, als Unterstützung, gedacht, sind heutzutage der wichtigste Teil eines Films, und sie sind der Raum, dem das Kino seine meiste Aufmerksamkeit widmet und deren Entwicklung vorangetrieben wird.

Das verwundert mich nicht, für mich ist das ein Paradebeispiel an Symptom für die jetzigen Zeiten, in denen die Substanz der Dinge den Platz für die Ausformungen hat räumen müssen. Dadurch, daß das Kino phantastisch-magisch und „neptunisch" Kraft seines Ausdrucks ist (Lichter und Schatten projiziert an eine Wand wie im Mythos der Höhle von Platon), ist es logisch, daß sich in ihm die Extreme jener Tendenzen wiederspiegeln. Das Drehbuch ist weit weniger wichtig als früher, die Reamkes sind Legion (jetzt King Kong 3 oder 4?), die Ideenwelt scheint erschöpft und dies spürt man, wenn uns etwas präsentiert wird, das auf „sensorround und pixels" basiert, eine Methode und im Sessel zu fixieren, die eher an „Clockwork Orange" erinnert als an eine kinematographische Sitzung. Da es keine Ideen gibt, wird die Lautstärke erhöht (und der Hergott wird wissen, bis wohin!), alle Sinne werden gesättigt (sogar mit Filmen mit Geruch!), immer mit dem Ziel, daß „man etwas spürt". Das tiefe Gefühl wurde durch banalen Sientimentalismus ersetzt, das Denken...nun, je weniger man davo weiß, desto besser. Nicht daß dies früher nicht auch so gewesen sei, noch niemals war eine Kunst enger verknüpft mit dem Geld als diese, doch hatte man früher noch Platz für Kreativität, Ideen und Emotionen. Große Genies der Leinwand zeigten 1001

Überraschungen, wickelten uns in phantastische Geschichten ein (bei denen man wirklich nicht wußte, was geschehen würde), ließen uns lachen, träumen und weinen.

Eine unerwartete Konsequenz dieser allgemeinen Situation des Kinos öffnete erst vor einigen Jahren einen Vorteil für unseren Sektor. Durch die Ideenlosigkeit kam es zu bereits erwähnten Ausflucht der Remakes und Serienverfilmungen (Star Wars 39?), als auch zur Ausbeutung der bis her als zweitrangig angesehenen Genres, wie dem Kampfkunstkinos. Besagte Reaktion hat Licht und Schatten in unseren Bereich getragen, was nicht zu bestreiten ist, ist die gestiegene Aufmkersamkeit seitens der Zuschauer.

Ang Lee (Tiger und Drachen), John Woo und natürlich Quentin Tarantino haben die Säle bis auf den letzten Platz gefüllt durch ihre Liebe zu Actionfilmen der Vergangenheit. Die augenzwinkernden Hinweise von Tarantino auf Bruce Lee sind durch Ausstattung, Aufnahmen und Szenen eine beständige Hommage an das Phänomen, das mit Kultfilmen begann und ein neues Genre schuf.

„Matrix" als größter Exponent des effektheischenden Kinos hat sicherlich ein Vor und Danach in der Geschichte des Actionkinos markiert, denn es hat in seinem Drehbuch, über alle Effekte und Kämpfe hinaus, das Wesen einer Welt des Wissens erhalten, das direkt mit dem Weg des Kriegers der traditionellen Kampfkünste in Verbindung steht. Es stimmt, daß damit die Kampfkünstler an sich starben (jede gelenkige Person kann mit Hilfe der Kabelzüge Dinge ausführen, von denen ein Bruce Lee nicht einmal zu träumen wagte!), doch es stimmt auch, daß seine Geschichte, die in einer Welt der Symbole und Mythen spielt, einem breiten Publikum das Wesen des Kriegerischen als einweihender Weg gezeigt hat (die Welt des Wissens über das Scheinbare hinaus), und dies mit großem Erfolg, schlagkräftig, knackig und intensiv, als sei es eine Überdosis im kollektiven Unterbewußtsein der modernen Gesellschaften.

Das Phänomen „Matrix" hat die Büchse der Pandora geöffnet, die ewigen Mythen, heute aufbereitet als Serien wie „Der Herr der Ringe", füllen die Ideenlosigkeit als seien sie eine Neuheit.

Heute blicken wir zurück, um das Kino der Kampfkünste zu überprüfen und zu ehren, erlebt es doch derzeit durch Revolution von „Matrix" und „Der Herr der Ringe" einen neuen Höhepunkt. Einem Kino, in dem die Darsteller noch selbst zu kämpfen wußten, Graduierungen in Kampfkünsten vorzuweisen hatten und Genies wie

Bruce Lee auftraten, fähig, das kämpferische Panorama völlig zu verändern, weit über ihre Fähigkeiten als Schauspieler hinaus. Und wenn eine thurman so treten kann wie Bill Wallace, für wen braucht man dann noch Doubles?

Das Kampfkunstkino so wie wir es kannten, mit großen Namen die Kampfkünstler waren, stirbt in den heutigen Zeiten aus; es verbleibt nur noch eine technologische Karikatur seiner selbst. Man sagt, daß das Ende der zyklen immer am reichsten und geschmackvollsten sei, der Samen ist immer Inhalt der Frucht und wir sollten uns fragen was noch kommen wird. Jackie, der ewige Jackie, zeigt in seinen neuesten Filmen seine beste Seite, dank seiner persönlichen Werte und dem wissen, wie man auf der Welle des Actionkinos zu reiten hat, und sein Surfbrett sind sein symphatisches Wesen und die gute Darstellung. Doch es fehlt an neuen Namen. Seagal zeigt seit Jahren nichts Neues und in jedem neuen Film hoffen seine Anhänger, daß es nie soweit kommen möge... Van Damme scheint seine Schwierigkeiten überwunden zu haben, er hat sich mit besseren Leistungen zurückgemeldet. Bruce ging von uns, und daran beißt die Maus keinen Faden ab...Chuck Norris ist immer noch der tadellose Texas Ranger, und das Einsetellen der Serie ging weniger auf fehlende Einschaltquoten zurück als eher auf die logische Ermattung des ständigen Wiederholens desselben Themas... und die Jahre gehgen an niemandem spurlos vorbei und „Charly" hat bereits alles erreicht. Jet Li gibt hier und da akzeptable Schläge ab, jünger als die anderen, hat er sogar sein eigenes Videospiel und wir sind uns sicher, daß er uns einige Schätze schenken wird, sollten sich die Produzenten sicher sein, was er noch alles in sich trägt. Schwarzenegger ist Gouverneur von Kalifornien (und zukünftiger Präsident?). Der Körperkult hatte noch nie größeres Echo als in „Conan der Barbar" und Schwarzenegger konnte eine intelligente Karriere aufbauen, in der er aus dem Schema ausbrach, gute und erfolgreiche Komödien machte, welche aber im heutigen Actionkino keine Höhen mehr darstellen. Der Gouverneur, Anhänger beinharter Gesundheit, des Sports und natürlich des Bodybuilding, hat die Kampfkünste unterstützt und tut es immer noch durch eine der bedeutendsten Messen des Sektors in den USA, die seinen Namen trägt.

Die dem Kampfkunstkino innewohnenden Werte wurden vom allgemeinen Kino aufgenommen. Die Actionfilme (Hollywood produziert in letzter Zeit sehr wenige Filme mit besagten Zutaten) brachten dem Liebhaber einen Raum, in dem er szenischen Kämpfe genießen konnte, die wir später mit Detailgetreue und Leidenschaft analysierten. Menschen wie Rorion Gracie brachten in Filmen eines Mel Gibson als verrückter Polizist einen Schuß an Realismus hinzu, ebenso Benny, The Jet und Dan Inosanto wurden vom Publikum immer bestens aufgenommen.

Doch über die Kämpfe hinaus konnte das Kampfkunstkino jenen Hunger nach Heldentum anstoßen, der das Kollektiv der Schüler der disziplinären Künste ausmacht. Aus diesem Grund haben Filme wie „Star Wars", mit Kämpfen, die von „lichten Katanas" bestritten werden, oder bewundernswerte Kämpfe in „Der Herr der Ringe" oder „Der letzte Samurai", unseren Sektor erobert. Nicht nur durch die Kämpfe allein, auch und besonders durch die asiatisch angehauchte Thematik sowie die mehr oder weniger durchschaubaren Modelle von Kriegern, Helden, welche eine göttliche und würdige Art zu Handeln haben, immer in der Lage sich in schwierigen Situationen mit ihrem Schwert zu wehren. Jene Ethik des Kriegers gefällt demjenigen, der sich in dieses archetypische Bild verliebt hat, das auch in alten Zeiten in Filmen mit Gary Cooper aufloderte und uns gefangen nahm. So sind Arbeiten wie „Der letzte Samurai" ein weiteres Mittel, damit die asiatischen Traditionen im Allgemeinen und die japanischen im Besonderen, ihre Berechtigung erfahren, welche sie ansonsten nicht erlangen würden.

Ein ganzes Genre an Filmen mit großen Namen, welche wir in dieser Publikation analysieren, welche besonders den unzähligen Liebhabern des Kampfkunstkinos gewidmet ist. Ein Genre, daß paradoxer Weise auf der Höhe seines Erfolges, am Ende seiner Laufbahn, im großen Meer der modernen Kinowelt aufgeht, auch wenn es in den letzten Jahrzehnten Besonderes beisteuerte.

Vorbei die Zeiten, in denen der Schauspieler ein Kampfkünstler sein mußte, was bezeugte, daß sein Können und seine Ausbildung als Experte der Kampfkünste, ein bedeutendes Element für seinen Erfolg war.

Der König des Genres, Bruce Lee und seine Hofschar an Nachfolgern, verbleibt in der Erinnerung von allen, Zeuge einer Epoche, die bereits am Gehen ist. Die Wege der Zukunft sind andere, anders ohne Frage, doch nicht weniger hoffnungsvoll; Wege, auf denen die Herzen der Liebhaber des Genres ihre Befriedigung nicht in 08/15 Produktionen finden sollten, doch genügend „angereichert" mit jener besonderen Sache, welche den Unterschied ausmacht und ein besonderes Aroma besitzt und den menschlichen Geist beflügelt: Der Geist des Kriegers.

Ich bin mir sicher, daß Sie diese Arbeit genießen werden, eine Kollektion, welche eine einzigartige Epoche schließt, würdig, unsere Hommage zu erfahren.

NUR FÜR MÄNNER...

„Die Erziehung eines Kindes liegt
in der Verantwortung des ganzen Stammes".
Afrikanisches Sprichwort

Vielleicht liegt es an den modernen Zeiten, den Energien des Planeten selbst und den Banden, welche den Planeten auf ihrer Reise durch den Kosmos überqueren. Tatsache ist jedenfalls, dass das Maskuline nicht gut angesehen ist, seine Stunden sind gezählt und als Konsequenz des Massenbewusstseins drängen diese alles in eine Ecke, was auch nur nach „männlich" riecht.

Das Maskuline ist ein kleiner Teil im Universum. Gegenüber dem großen Yin der Sternenräume, gibt es nur kleine Yang zu finden, nahezu unsichtbare Lichter in der großen Leere. Das Männliche, aktiv, kompakt und bewegt, etc. ist die außergewöhnliche Grenze gegenüber der Entropie, des Lebens und des Bewusstseins, etwas, das also noch seltener vorhanden ist.

Ich weiß, dass nun schnell Argumente auftauchen werden, welche eine solche Kategorisierung lediglich das Überbleibsel einer „machistischen und unterdrückerischen" Kultur seien, und man wird sich fragen, weshalb Yang der Männlichkeit und dem Licht zugeordnet ist. Dies lässt von mehreren Blickwinkeln aus erklären, anhand von Philosophien, Astronomie und vor allem durch das Körperliche sieht man, wie dieses Wissen in allen Kulturen des Planeten zu finden ist, doch dies soll Thema eines anderen Leitartikels sein oder gar eines Buches. Ein Buch, das ich nicht gedenke zu schreiben, denn es ist bereits verfasst, ich gab es vor einigen Jahren heraus, allerdings lediglich auf Spanisch. Dieses Werk verdient die Aufmerksamkeit all jener, die wirklich die Gesetze und Pole des Universums verstehen wollen, Yin und Yang. (Universo Polar, Editorial Eyras. Jose Maria Sanchez Barrio).

In unserer Gesellschaft drängt sich das Weibliche klar auf, so dass heute jeglicher maskuline Aspekt negativ erscheint, bis sogar die letzten Männer, die wenigen die noch verbleiben, fast schon um Verzeihung bitten müssen, und besser noch, Schweigen sollten, bevor man offen seine Meinungen und „Empfindungen" Preis gibt. Als eine Art neuer sozialer Aspekt gibt es immer mehr Gruppen von Männern, welche mit gesenkter Stimme sprechen und sich schief anschauen, bevor sie ihre Meinungen mit Gleichgesinnten austauschen, und dies tun sie nicht öffentlich, damit sie von niemandem verurteilt werden können.

Wenn ich dies hier schreibe, bedeutet dies nicht, dass ich mich angesprochen fühle, dies verstehe oder mich solidarisch verhalte; dies sind feminine Werte. Ich schreibe, wie ich bin und meine Absicht ist es nicht, Schmus zu verbreiten oder mich gar hinter jener Gruppe zu verstecken, um das von mir postulierte zu verteidigen. Ich tue, was meiner Freiheit zusteht und animiere meine Gleichgesinnten, dass sie dies auch tun, auch wenn dies in absolut feindlicher Umgebung sei. Handeln wir nicht derart, werden uns nicht nur die Läuse befallen, sondern unsere Kinder werden fehlerhaft werden. Ich tue dies besonders, um einige Augen der neuen Generation zu öffnen und die bisher nur die Möglichkeit hatten, die Dinge von einem Pol aus zu sehen, mit allen Fehlern, welche solch eine Sichtweise mit sich bringt, und allen destruktiven Konsequenzen, die wir beobachten können.

Ich denke, dass die Erziehung ein großer Schlüssel ist, der viele Türen öffnen kann. Ist diese von Moden abhängig und schräg, ist es die Arbeit aller bewusster Wesen, als Ausgleich zu fungieren, in dem man die genannten Ungleichgewichte anzeigt. Wie sagt doch jener Afrikanische Spruch: „Die Erziehung eines Kindes liegt in der Verantwortung des ganzen Stammes".

Mars ist ein männlicher Gott und die Künste des Mars (auch wenn ich viel mehr die Göttin Minerva bevorzuge, als Beispiel für das, was wir tun!) sind von ihm, und deswegen männlich. Aus diesem Grund verstehe ich, dass deren Ausführung und Lehre als eine Art Gegengewicht zur derzeitigen, sehr auf femininen Werten basierenden Erziehung, dienen kann. Mir erscheint, dass allein schon dies ein sehr großer Beitrag für die Gesellschaft ist, doch dürfen wir dabei in keiner Weise unsere Fähigkeiten hinten an stellen, um in anderen Bereichen tätig zu sein, wie Relativitätsdenker, und wenn dies noch schlimmer sein könnte als das Schwimmen gegen den Strom, so weiß man doch, dass einige Meter weiter unten, der jetzt so ruhige Fluss in einen reißenden Wasserfall übergeht.

Ich schlage in keiner Weise vor, der Versuchung einer absurden Rückkehr in die Vergangenheit zu weichen (und wenn man noch so viel Druck ausübt!), oder Verheißungen, die nach Machismus riechen. Ein Mann zu sein, bedeutet nicht, ein „Machito" („Kleiner Macho") zu sein, auch wenn es schließlich bedeutet, ein Macho, ein Mann, zu sein, doch ohne Schärfe, eher für die Frauen als gegen sie.

Die Vergangenheit ist nur ein Stein des Anstoßes, eine Hürde, die es uns ermöglicht auf der Leiter der Evolution und des Bewusstseins empor zu steigen, ein Stützpunkt, von dem aus es weiter geht. Nostalgiker halten sich bitte fern und suchen in meinen Worten keine Unterstützung für ihre Ansichten. Doch man sollte die biologischen Grundlagen, welche in Millionen von Jahren Mann und Frau so geschaffen haben wie sie heute sind, nicht vergessen, denn ansonsten wäre dies eine riesige Dummheit, der Tag um Tag die „Fürsprecher" unserer Zivilisation in den Kommunikationsmedien zum Opfer fallen. Vielleicht ist dies eines der auffälligsten Ergebnisse der Hetzjagd und des Abschießens des Maskulinen, in dem sich unsere Gesellschaft verfangen zu haben scheint.

Der Verlust der Polarität ist kein Vorteil für niemanden, auch wenn manche dies mit ihrer kurzen Sicht denken mögen. Die Kraft der Spezis Mensch entstemmt aus der Spannung zwischen den Geschlechtern, und das Absinken dieses Differentials ist in jedem Hinblick eine Katastrophe für unseren Fortbestand und ein Unglück für die Individuen, die in solchen Zeiten leben. Die Unkenntnis über sich selbst und über die wesentlichen Befehle, welche die Natur uns zum Geschenk auf dem Weg der Eroberung mitgegeben hat, ein Erbe zur natürlichen Auswahl unserer Vorfahren, wird uns weder Frieden noch Freiheit bringen, welche die sogenannten „Revolutionäre" oder „Befreier" versprechen, sondern lediglich Frustration, Konfusion und Widersprüchlichkeit, und deswegen Dekonzentration und Ungleichgewicht.

Um diese Dinge zu bestätigen, mache man nur eine kleine Umfrage und fange bei sich an, und seinen Freunden, was ihnen gerade aus dem Bauch heraus als Antwort auf die Frage einfällt: „Was bedeutet es, Mann zu sein?", oder auch: „Was bedeutet es, Frau zu sein?".

Jede Definition hat ihre Grenzen, so wie die wenn man die Natur durch das Definierte beschreiben wolle. Wer sich ehrlich diese Fragen stellt, welche andere Möglichkeit hat er, als sich dem Wesentlichen zu verschreiben, der Biologie, damit er später die Funktion versteht? Geehrte Freunde, „auf dass ja nichts geschehen werde" wenn man Ihre Schlußfolgerungen vernehmen wird, denn es ist fast sicher anzunehmen, dass diese im Angesicht des „politisch korrekten" schlecht dastehen werden.

Da ich nun diese Seite gefüllt habe, habe ich nun keine andere Möglichkeit mehr, als Sie in dieser Zwickmühle zurückzulassen, damit sie in dieser einen Monat lang kämpfen – aber mitnichten! Fühlen Sie sich nicht allein gelassen! Ich verlasse Sie bei dieser schweren Aufgabe nicht. Ich versprechen Ihnen, nächsten Monat zurück zu kehren, um die i-Tüpfelchen auf die Derivate der Biologie zu setzen, damit ich ihnen eine Hilfe reichen kann (sollten Sie diese benötigen!), um weiter gemeinsam zu denken, so wie wir sind und dies in Freiheit

Noch etwas: Aufgepasst bei solchen Themen! Wer hier Mann ist und sagt was er denkt, schafft nicht nur allzu oft Probleme. Schließlich könnte man uns noch ein Etikett verpassen, wie dem Tabak! „Mann zu sein kann Unannehmlichkeiten hervorrufen". Bei solchen Themen ungerüstet auf die Straße zu gehen, ist eine Tollkühnheit.

Passen Sie auf sich auf! Wir sind jedes Mal weniger!

MANN SEIN, BEDEUTET KRIEGER SEIN

In der momentanen Zeit Mann zu sein, ist eine komplizierte Angelegenheit, doch sollte man sich darüber nicht beschweren, denn Frau zu sein, ist im Anbetracht der Vorfälle noch schwieriger, wenn dies überhaupt noch geht. Die Entpolarisierung ist vielleicht die herausragendste Sache der Gegenwart auf diesem Planeten, und es überrascht mich immer wieder, wie die Wissenschaftler darüber hinwegsehen können. Eine solche Tendenz ist nur mit der Radikalisierung vergleichbar, deren Effekte sich auf dem gesamten Planeten feststellen lassen, vom Weltklima bis hin zu den Ideologien. Wir als Spezis sind in einem bemerkbaren Wandel, doch darf uns dies nicht von den naheliegenden Dingen abhalten. Und was ist uns näher als unsere eigene Natur?!

Einer der Gründe ist zweifelsohne das Ergebnis der unglaublichen Distanz zwischen unserer biologischen und unserer sozialen Natur. Das abstrakte Konzept der Gleichheit - eine besonders weibliche Idee - beeinflusst uns derart, dass wir sogar das Offensichtliche vergessen: wir Männer und Frauen sind nicht gleich. Um das zu sehen, muss man kein Genie sein!

Das Gehirn des Mannes hat eine bewundernswerte Struktur, es ist eine Ordnungsmaschine, die sich auf Bereiche spezialisiert hat, in denen statt der Zerstreuung, die Konzentration auf einen einzigen Punkt Vorrang hat. Dies geschah durch die Aufgaben als Jäger, ist Ergebnis der größeren körperlichen Stärke und Ausdauer des Mannes, der größeren Statur und einer größeren Leber. Das Gehirn des Mannes ist in der Lage, schneller zu metabolisieren und die Muskeln schneller zu versorgen. Unterstützt wird es dabei noch von einer Vielzahl von Hormonen, die in die gleiche Richtung arbeiteten.

Der Jäger muss sich auf seine Beute konzentrieren, will er Erfolg haben. Die Sammlerin hingegen muss in der Lage sein, das gesamte Umfeld zu sehen, um die Früchte zwischen den Sträuchern zu entdecken. Die Struktur des weiblichen Gehirns unterstützt in unglaublicher Weise die periphere Wahrnehmung. Diese voneinander abweichenden Fähigkeiten führten zu unterschiedlichen Ergebnissen in den einzelnen Aktivitäten, was zur Folge hatte, dass die Erfolgreicheren ihre Überlegenheit an die nächste Generation weiter vererbten.

Daher funktioniert die Struktur des männlichen Gehirns absolut verschieden, wie die Struktur des weiblichen Gehirns, und doch ergänzten sich beide, um die Erfüllung der Gesamtaufgabe sicherzustellen. Die biologische Evolution geht wesentlich langsamer voran als die kulturellen Gesetze, die sich in nur wenigen Jahrzehnten völlig ändern können (oder in nur wenigen Stunden, wenn wir in ein Flugzeug steigen!). In den industrialisierten Ländern haben sich die Gesellschaftsnormen dermaßen weit von der Biologie entfernt, dass es zu großen Widersprüchlichkeiten kommt, welche als Resultat das persönliche Unglück von Millionen von Menschen zu verzeichnen haben, die im Gewirr der Evolution verloren sind. Für den Mann bedeutet dies das Unterdrücken und ein in die Ecke drängen seiner waren Natur und das Verzichten auf seine elementaren Fähigkeiten und Instinkte. Doch Widersprüchlichkeiten sind Zeitbomben, welche immer explodieren werden, und die Druckwellen sind in der ganzen Welt der energetischen Kadaver zu spüren, welche durch Verleugnung ihrer eigenen Natur zu Grunde gehen.

Allerdings stehen die Dinge für die Spezies Frau auch nicht besser, denn durch das Aufnehmen von Funktionen, Verhaltensweisen und sogar von Ideologien aus der Männerwelt gehen sie konträr gegen ihre natürlichen Vorstellungen. Sie suchen die „Freiheit der Männer" anstatt diese „zu finden", ist diese doch ohne Zweifel in ihrer Natur zu finden.

Die Identitätskrise begann durch den Erfolg des Ackerbaus und der damit verbundenen Aufgabe des nomadenhaften Stammeslebens, das sich der Jagd und dem Sammeln verschrieben hatte. Aus einer Mond- und Jagdkultur wurde eine Sonnen- und Ackerbaukultur. Die Sonne war die neue Gottheit und von dieser hingen die Ernten ab, wogegen der Mond die Zeiten der Jäger bestimmt hatte, ermöglichte sein Licht doch das Jagen und die Verfolgung der Beute, was oft mehr als einen Tag in Anspruch nahm. Laut denjenigen, die sich mit dem Phänomen Stonehenge beschäftigen, könnte dies ein Mond-Sonne Tempel sein der von den Druiden als wissende Menschen konstruiert wurde, um die Riten der alten und der neuen Zeit zu vereinen.

Durch den Ackerbau begannen die Menschen den Sinn für Eigentum zu entwickeln, und damit begann der Kampf um bessere Gebiete. Der Krieger war nun nicht mehr Jäger und Weiser, er verwandelte sich in das, was wir heute als Soldat bezeichnen, d.h. er begann mit Gewalt vorzugehen, sei es zur Verteidigung der Gruppe oder später des Staates. Laut den Worten Sun Tsu ist „das Territorium das Fundament des Staates".

Die Sozialisierung ist ein weiblicher Erfolg. Die Gesellschaft an sich ist weiblich. Die Männer geben sich ihr hin, um mehr Erfolg bei der Jagd zu haben, um erfolgreichere Strategien zu erlernen oder weiter zu geben, um vor dem Feuer zu tanzen, um die erlebten Szenen lebendig als Fest darzustellen. Nachdem sie einmal gut genährt sind, wollen sie bis zur nächsten Jagd kein Gesicht eines anderen Mannes sehen. Und mit vollem Bauch machen sich die Männer an ihre nächste wichtige Aufgabe, einem mächtigen Befehl, den sie von der Natur einprogrammiert bekamen: „Befruchte so viele Weibchen wie nur möglich". Deswegen ist die Anwesenheit eines anderen Mannes höchst unerwünscht, so dass regelmäßige Treffen an festen Orten logischerweise nicht als eines seiner natürlichen Verlangen bezeichnet werden kann.

Für die Frauen war dies eine großartige Gelegenheit, ihre höheren sozialen Fähigkeiten auszuspielen. Die Fähigkeit, über jede Sache zu sprechen und über mehrere Dinge gleichzeitig (und diese auch noch verstehen!) ist etwas, das jeden Mann überrascht. Dieses Merkmal ist kulturübergreifend: Auf japanisch zeigen die Kanji für das Wort „Sprechen" eine Skizze, die drei Frauen um einen Brunnen sitzend zeigt. Für den Austausch von Information benötigt man keine Körperkraft, sondern ein besonders strukturiertes Gehirn mit peripheren Qualitäten, um seine Schäfchen ins Trockene zu bringen. Im sozialen Spiel konnten Frauen viel besser ihre Qualitäten ausspielen und aus einer größeren Zahl von Männern auswählen. Außerdem war es einfacher, in einer Siedlung zu gebären und auf die Kinder aufzupassen als auf der Wanderung.

Das Männliche ist nicht für das Soziale gemacht, auch wenn einige darin aufgehen. Die Arbeitsteilung geschah dann auch auf eine Weise, auf welche man die Bereiche so gut wie möglich der Natur anpassen konnte, und alle Kulturen gingen dieses Dilemma durch die symbolische Ersetzung der Funktionen an. Anstatt auf die Jagd zu gehen, um seinem Weibchen und dem Nachwuchs den Bauch zu füllen, ging der Mann aus dem Haus und suchte Arbeit für Lohn und Lebensunterhalt. Er war der Verteiler, sie war die Lebensspenderin. Die Rollen paßten sich der Tausende von Jahren alten Tendenz an, als wir die Wälder verließen, um auf der Welt zu überleben.

Kulturell haben wir uns enorm verändert, doch unsere Biologie hat dies nur wenig getan. Die Untersuchungen der ersten Homo Sapiens zeigen, dass sie sich nicht allzu sehr von uns unterschieden. Wir sind zwar größer und es gibt noch andere Merkmale die Ergebnis der Selektion sind, wie z.B. dass die Hüften die Tendenz haben, immer enger zu werden, wir dabei sind, die Kleine Zehe zu verlieren, die Weisheitszähne, etc. Doch unsere Gehirnkapazität ist die gleiche wie die der unserer Vorfahren.

Was bedeutet es, im XXI Jahrhundert ein Mann zu sein?

Hinsichtlich des Biologischen gibt es möglicherweise sehr wenig Veränderung, hinsichtlich des Kulturellen aber eine enorm.

Das Wiederentdecken unseres männlichen Wesens und dessen Akzeptanz in der Gesellschaft ist ein guter Ansatzpunkt, um unser Alltagsleben mit unserer Natur als Jäger und Kämpfer in Einklang zu bringen. Sittliche Werte a priori durch Ideologien, Religionen oder Moralismus einzuführen, ist eine unglaubliche Dummheit, die uns niemals mit unserer tieferen Natur als Spezis und als Geschlecht in Kontakt treten läßt.

Die Aggressivität, diese vom Testosteron getriebene Tendenz, die sozial betrachtet als negativ angesehen wird, sollte vermindert werden, indem man sie als etwas Wertvolles anerkennt. Dafür haben uns die Kampfkünste einiges zu bieten: Die Katas können jene Kriegstänze ersetzen, in denen die Kühnheit und die Kraft des Kriegers eine Augenweide für den Stamm waren. Die Kämpfe dienen der Ritualisierung der Begegnung mit den Feinden und anderen Männern wegen den Frauen. Das Training ist gut für die Stärkung der Jugendlichen, es dient der Gesundheit der Rasse und schult hohen geistige Werte, um den Schwierigkeiten des Lebens erfolgreich begegnen zu können.

Die einzige Form, heutzutage ein Mann zu sein, ist die des Kriegers verbunden mit dem Eintauchen und Verstehen unserer Vergangenheit für den Weg in die Zukunft. Das Verleugnen unserer Natur unter Befolgung des Diktats und des Modekultes hinsichtlich der weiblichen Werte, ist mehr als eine Aufgabe unseres Selbst. Es ist eine Kastration ohne gleichen, der wir nicht erliegen dürfen. Nur so kann sich unsere Spezis erhalten und damit die notwendige Polarität, damit der Stamm Menschheit weiter über diesen Planeten wandeln kann. Kühne Männer an der Seite von tapferen und gefestigten Frauen, Himmel und Erde vereinen sich im Mysterium des Lebens.

KATA!

Das japanische Wort KATA bedeutet Form. Die Formen sind in der östlichen Tradition sehr wichtig, und ihr Konzept ist von dem, welches wir den Formen im Westen geben, sehr verschieden. Form bedeutet nicht nur Etikette, sondern ist wohl eher eine Art Einstellung oder Bereitschaft. Es ist eine Haltung. Für den Osten definiert die Struktur die Funktion und die Betonung ist deshalb eine strukturelle. Der Okzident hat schon immer mehr Aufmerksamkeit auf das Funktionelle gelegt. Es scheint, dass wir nicht so viel Wert auf die Formen legen, und damit auf die energetische Strukturierung. Das Okzidentale definiert sich eher über die Funktion und deren Wirkungen. Für einen östlichen Strategen wird eine Schlacht oder eine Geschäftsverhandlung gewonnen, bevor diese stattfindet. Für einen „Westler" finden sich hingegen die Schlüssel zur Schlacht bzw. Verhandlung in den Variablen des Geschehensablaufes. Ersterer konzentriert sich hauptsächlich auf die Bereitstellung der Kräfte und Zweiter auf die Beweglichkeit derselben.

Das Außergewöhnliche in diesen Zeiten der Globalisierung ist, dass mit Orient und Okzident beide Seiten des Menschen (kurioserweise identisch mit den Funktionen der beiden Gehirnhälften) schließlich die gleichen Schlußfolgerungen über die Herkunft der Materie gezogen haben. Die westliche Wissenschaft hat dies durch ihre Studien in enormen Materiebeschleunigern getan. Der Osten hat dies durch Stille und Ruhe erfahren. Die Schlussfolgerung ist keine andere, als dass die Materie beständig aus der Leere strömt und sich in Formen ordnet.

Doch die Leere ist es, die der Form letztlich den Sinn gibt. „Der Wert einer Tasse liegt in ihrer Leere", sagte die Tradition des Zen. „Die Räume zwischen den Speichen geben dem Rad seine Funktion", sagen die Buddhisten.

Die Formen (Kata) sind also mehr als nur eine Aneinanderreihung von Bewegungen mit einem bestimmten energetischen Sinn. Sie sind mehr als ein Kriegstanz, der Kampfsituationen nachstellt und auch mehr als eine Systematisierung von festgelegten Bewegungen mit didaktischen Absichten.

Die Kata wurden geschaffen, um die Energie der Welt zu ordnen, den „Treffpunkt" oder „Einfügungspunkt" zu bewegen und das Bewusstsein der Praktikanten zu verändern.

Dieser Punkt ist kein fest definierter Punkt im Körper, da es sich um keine körperliche Erscheinung handelt. Es ist eher eine energetische Bereitschaft in unseren „lichten Sphären". Diese Idee, die seltsam klingen mag, bezieht sich auf die Summe der Energiepotentiale, die ein Sein, ein Wesen, konfigurieren. Wir wissen heutzutage, dass Materie nichts anderes ist als geordnete Energie.

All unser Sein, unser Intellekt, unsere Gefühle und unser Körper sind vibrierende Energie auf gewissen Tonleitern in unterschiedlichen Tönen, die durch eine Sphäre mit Lichtbündeln geordnet wird. Der zentrale Fokus, von dem diese Bündel ausgehen, der kritische Punkt, von dem der zentrale Rotor des Seins seine Kontrollen ausführt und von wo aus er das Bewußtsein über das Sein hat ist das, was man als Treffpunkt oder Einfügungspunkt bezeichnet. Dessen Existenz zu bezeugen ist eine der ersten Aufgaben aller Einweihung zum Bewusstsein. Der zweite Schritt besteht darin, diesen Punkt bewegen zu lernen. Der dritte Schritt ermöglicht es uns, diese Bewegung zu beherrschen. Es gibt zwei Arten von Formen: Die überwiegend externen und die überwiegend internen Formen. Erstere beziehen sich hauptsächlich auf die technischen und formalen Aspekte des Kampfes. Zweite auf das Verinnerlichen, die Sensibilisierung und Mobilisierung des Neulings.

Bei den ersteren herrschen schnelle Bewegungen vor. Reihen oder Linien von Energien, welche eine Explosion verfolgen, die man als Kiai kennt, bei dem der Schrei die Projektion der Energie markiert. Bei den zweiten schenkt man der Atmung Aufmerksamkeit. Jene Formen scheinen viel weniger dynamisch und führen den Ausübenden unvermittelt zu einem anderen Bewußtseinszustand. Ein von einem sensiblen Außenstehenden eindeutig bemerkbarer Wandel, selbst wenn er in der Materie nicht bewandert ist.

Die internen Kata werden gemeinhin als höhere Formen bezeichnet, und laut den Meistern benötigt man ein ganzes Leben dazu, um sie perfekt zu beherrschen. Doch die mächtigen Wirkungen derselben spürt man sofort und die Vorteile sind für jeden Menschen genießbar, wenn man sie nur ausübt. Wie jede mächtige Waffe sind auch jene Formen ein zweischneidiges Schwert, und wer nicht auf deren Wirkungen vorbereitet ist, kann diese mit Verwirrung und Verblüffung aufnehmen.

Die Formen haben im Laufe der Jahre Veränderungen erfahren. Dies ist legitim, muss sich eine Kunst doch an die Person anpassen und nicht umgekehrt. Viele jener Veränderungen waren so radikal, dass der einweihende Effekt, also der Grund der Schöpfung der Form, völlig ausgelöscht wurde. Deswegen ist das Manuskript des Urgroßvaters von Dr. Pereda ein Werk von hohem Interesse, um einige der antiken Formen des To-De, einer einzigartigen geistigen Form, die später als Karate von Okinawa bekannt wurde, wiederzuentdecken.

Wenn ein Großmeister eine neue Form einführt, so tut er dies mit all seiner persönlichen Kraft, um die Energie zu bewegen und das Bewußtsein des Praktikanten in eine bestimmte Richtung in Gang zu setzen. Deren Wiederholung fügt dem Training einen weiteren Wert bei.

Wie die homöopathischen Medikamente, so wirken auch die Formen, werden sie nur gut genug trainiert, und dies einschließlich mit dem simplen Akt der Bereitschaft, eine Form auszuüben. Die Formen strukturieren die Energie des Übenden neu und führen ihn zu erweiterten Bewusstseinsphären.

Es ist bekannt, dass wir heute in der Lage sind, die vibrierenden Werte unseres Körpers auf eine präzise Weise u.a. durch elektrische Variablen messen können. Ein Experte in Akupunktur oder Homöopathie kann den energetischen Zustand eines Meridians (Energieleitbahn) bestimmen und die Dosis definieren, die für den Patienten notwendig ist. Er muss dazu lediglich den Patient das Medikament in die gegenüberliegende Hand legen, die er behandeln will.

Dies funktioniert deshalb, da jede Sache in einem Energiekanal vibriert, und dieser stellt eine Information dar, die mit dem Organismus interagiert, so dass er eine spezifische Wirkung für sich selbst provoziert. Auf die gleiche Weise führen die Kata eine Information ein, welche unser gesamtes Sein zwingt, zu vibrieren und sich nach den übereinstimmenden Regeln in energetischer Weise zu ordnen.

Diese Transmutation ist fortschreitender Natur und erlaubt es dem Schüler, Feinheiten eines energetischen Tones zu entdecken, der in jedem Einzelnen auf andere Weise widerhallt, auch wenn eine gleiche Melodie im Hintergrund spielt. Es ist in etwa so, als würden zwei verschiedene Holzgitarren das gleiche Lied in der gleichen Weise spielen.

Vor nur wenigen Tagen verstarb Großmeister Seikichi Uehara, und ich hatte die Ehre, ihn kennen lernen zu dürfen. Er drehte mit 96 für Kampfkunst International noch ein Video. In dem Gespräch, das wir führten, sagte er mir, dass es ihm gefallen würde, die Lehre seines Meisters noch so lange zu unterrichten, bis er 100 Jahre alt wäre. Und ob er das geschafft hat! Er hat seine Aufgabe gut programmiert, denn er verließ nur drei Monate nach seinem 100. Geburtstag diese Welt. So stark ist die Macht, die wir in uns freisetzen können, so stark die Kraft, welche unsere Beschreibung der Welt schafft. Zu guter Letzt ist das Wirkliche nur eine Wahrnehmung und ein wandelnder Zustand des Bewußtseins.

Einhundert Jahre alt zu werden ist kein Ziel an sich. Es ist die Form, diese 100 Jahre auch auf eine Art zu leben, dass die Reise wirklich leidenschaftlich und transformierend wird.

Wer eine positive Umwandlung wünscht, der ist allein von seiner Selbst abhängig. Diejenigen, die sich hinter „wenn", „aber", „hätte" und dergleichen verstecken, sind ohne Zweifel weit davon entfernt, den Weg des Kriegers zu gehen.

DIE „NEUE" SELBSTVERTEIDIGUNG

„Dies wissen wir:
Die Erde gehört nicht dem Menschen; der Mensch gehört zur Erde.
Dies wissen wir:
Alles ist verbunden, so wie das Blut eine Familie eint.
Alles ist verbunden".
Brief des Indianerhäuptlings Noah Sealth an den US-Präsidenten Franklin
Pierce, 1854

Die Gegenwart des Terrorismus in den westlichen Gesellschaften ist nichts Neues. Doch wie noch niemals zuvor hat er unsere Lebensweise derart beeinflußt wie heute.

Der schwere Schlage gegen den Schwerpunkt des Westens, der am 11-S die Welt erschütterte und mit all seinen Konsequenzen am 11-M wiederholt wurde, zeigt das Ende der zivilen Unschuld unserer Zeit an. Ein Phänomen, das Gegenstand von Analysen ist und sein wird, möglicherweise über eine sehr lange Zeit hinweg.

Gemäß der Meinung von Herrn Lorenzo Castro, Doktor der Soziologie und Terrorismusexperte, wird „diese Schlacht noch weitere 50 Jahre andauern". Ich weiß nicht, ob mein weiser und verehrter Freund Dr. Castro, dessen Wesen wenig zum Optimisten neigt, wußte, daß seine Voraussagen (einige davon wurden bereits vor 25 Jahren ausgesprochen!) in jenen nicht enden wollenden Nächten der Jugend (die Mehrzahl davon wurden mit den unbezahlbaren Bieren durchgeführt, welche unseren „kriegerischen Schweiß" begleiteten) mit ganzer Härte erfüllen würden. Du betrachtet man dies mit der Distanz der Zeit, erscheinen sie einem eher als die Wahrsagereien eines Magiers und nicht als die Meinung eines Wissenschaftlers. Hoffen wir, daß er sich in den restlichen Angelegenheiten irren wird, auch wenn ich darauf nicht wetten würde.

Ein anderer alter Freund, kritisierte mehrere Male unsere Zeitschrift: „Das ist eine sehr gut aufgemachte Publikation, aber sie geht nicht mit der Zeit; sie schenkt den Wirklichkeiten des Hier und Jetzt des Planeten keine Aufmerksamkeit". Ich war noch nie einig mit dieser Kritik (ich sollte hinzufügen, daß er noch nie Kampfkünste betrieben hatte), und in jenem Fall noch viel weniger, stelle ich mich doch zur Verfügung, das bisher schwierigste Editorial anzugehen. Ich wollte diese Extraausgabe vor allem als Ergebnis einer natürlichen Linie von Leitartikeln herausgeben, welche die geneigten Leser von Kampfkunst International gut kennen. Eine Linie, welche auch Polizeibeamte, Behörden und Militärs, als intrinsischer Teil der

„Künste des Mars" (Kriegskünste), anspricht. Diese Linie (von anderen Zeitschriften des Sektors seinerzeit heftig kritisiert, doch es hat sich gezeigt, daß sie uns nachahmen mußten, auch wenn einzelnen Stimmen besagte Philosophie nicht gefällt), ist immer weiter gerechtfertigt, denn durch die Häufung unschöner Vorfälle, wurden und werden viele Dinge in unserem Leben in Frage gestellt.

Ein neues Konzept der „Selbstverteidigung" öffnet den Weg, angetrieben durch die „sehr eigenwillige Wirklichkeit". Ein wesentlich größeres Konzept, das sich nicht auf die grundlegenden Qualitäten der gegnerischen Entwaffnung beschränkt, auf das Siegen in einem Wettkampf oder dem Verhindern daß man die Geldbörse gestohlen bekommt. Ein Konzept, das jeden Bürger – ob Kampfkünstler oder nicht – betrifft, um ständig wachsam zu bleiben, als Teil des täglichen Überlebenskampfes.

Wer denkt, ich übertreibe gehörig, den lade ich herzlich ein, jede x-beliebige Metrostation in Madrid zu besuchen. Man wird nicht nur alle fünf Minuten darauf aufmerksam gemacht, sich nicht von seinem Gepäck zu trennen und Rucksack oder Umhängetasche keinen Augenblick aus den Augen zu lassen. Es ist vielmehr die Wirkung dieser Anweisungen, jene Blicke, mit denen sich die Bürger gegenseitig beäugen und bewachen. Man spürt eine neue Anspannung, das ist die Flamme des jüngsten Schmerzes, doch auch und vor allem, der Angst, des Schreckens und des eigenen Scheiterns, angesichts der Gewißheit, daß es wiederholt geschehen könnte, hier an Ort und Stelle.

In der Metro Madrids eilen heute die einst lockeren, entspannten und schläfrigen Bürger von einem Punkt zum anderen, zum Erledigen ihrer Alltäglichkeiten, als seien sie aufmerksame Beamte oder Wachtmänner, die sich um die eigene Sicherheit und die von Fremden kümmere.

Die in den Attentaten Gefallenen wurden beweint von allen, und natürlich ist dies für die Angehörigen ein irreparabler Verlust. Doch für das restliche soziale Gewebe, geht nach Leben nach dem Anschlag weiter. Die alarmierenden und beeindruckenden Reden der Politiker sind längst vergessen. Warum nicht vergessen? Das sentimentale Argument, durch die Sättigung der Bombardierung der Presse, hat (wie immer!) wenig Wirkung; die Menschen wollen dies, müssen(!). Sie sollten Seite... überspringen. Man kann in die Tiefen hinabsteigen und diese ergründen, aber man vermag nicht lange dort zu verweilen, deren Druck ist nicht auszuhalten und das Leben geht zudem weiter.

In der Bevölkerung entsteht ein paradoxes Gefühl: niemand will davon hören, wir wollen vergessen, nach vorn schauen, weiter machen und die Dinge wieder dort aufnehmen wo wir sie hatten liegen lassen...doch dort...

dorthin können wir nicht mehr zurückkehren...die Dinge können nie wieder sein wie zuvor, nur eine Kraft wehrt sich mit genügend Kraft dagegen, daß wir wie Vogel Strauß handeln – die Gewißheit, welche unsere alte Freundin, die Angst, uns gibt.

Das neue Konzept der Selbstverteidigung beinhaltet ungewohntes Wissen, ebenso für einen klassischen Kampfkünstler wie für einen Durchschnittsbürger, was vorher Eigentum einiger weniger Experten, Wachtpersonal und Sicherheitsbeamten war. Wissen und Konzepte, die wir nur aus Händen erfahrener Spezialisten annehmen können, so wie diejenigen, die wir für diese Ausgabe eingeladen haben, auch wenn sie häufig Artikel und Kolumnen in diesem Medium veröffentlichen und oftmals mit Videos bzw. DVD's komplettieren. Deren Bereitschaft und Mitarbeit für dieses Projekt kam unverzüglich. Diese Menschen wissen, was für die Gesellschaft wichtig ist, das Bewußtmachen und das Vorbereiten bzw. Ausbilden der größtmöglichen Anzahl von Menschen, um vor der jetzigen und zukünftigen Herausforderung des Terrorismus positiv reagieren zu können. Dies ist eine Schlacht, bei der die „bürgerliche Mitarbeit" zu etwas mehr werden muß, zu einer Art „ziviler Militanz".

Ich möchte anmerken, geehrter Leser, daß ich Ihnen nur beschränkte Auskunft über die Aufgaben und Verantwortlichkeiten jener Experten geben darf. Sie dürfen mir aber glauben, daß jeder einzelne von ihnen über große Erfahrung verfügt. Ich möchte die Gelegenheit nicht verpassen, ihnen dafür zu danken, für die Unterstützung und Zusammenarbeit, damit diese Sonderausgabe erscheinen kann. Aus verschiedenen Ländern stammend, mit jeweils anderen Sichtweisen – und manchmal findet man sich sogar! (mit denen sich das Editorial nicht notwendigerweise identifiziert), einen sie sich doch und gerade wegen ihres Berufes und dessen Notwendigkeiten. An alle diese Menschen gehen mein Respekt und mein Dank.

Die Selbstverteidigung des XXI Jahrhunderts (bzw. bei den Profis im deutschsprachigen Raum „Angriffs- und Zugriffstechniken" (AZT) genannt), muß zuvor nie berührte Themen angehen, und dabei gefällt mir vor allem eine Angehensweise besonders: Die Intelligenz.

Intelligenz in doppelter Hinsicht. Zum einen für die Entwicklung unserer Kräfte, um die verborgenen Kräfte zu unterscheiden, welche hinter den Vorfällen die wir leben (und noch erleben werden) stehen, um eine wachsame und positive Handlungseinstellung gegenüber dieser Herausforderung anzunehmen welcher der Terrorismus darstellt, um nicht von dessen Interessen manipuliert zu werden. Denn jene Interessen sind immer geißelnd und immer im Startloch, um jeglichen historischen Impuls auszunutzen... Und schließlich Intelligenz, um die viele Information verdauen zu können welche jeden Tag bezüglich jenes Phänomens über uns hereinprasselt, denn mit Intelligenz kann man zwischen den Zeilen lesen und Licht ins Dunkel bringen, auch wenn es sich um ein sehr dunkles Panorama handeln sollte. Die Dunkelheit (daran erinnerte Meister Yoda, als Luke Skywalker in die Höhle ging!) kann nur auf eine Weise wirksam bekämpft werden: Durch Anzünden der Lichter welche sie auflösen!

Die zweite ist die Intelligenz im Sinne der Geheimdienste, welche erlernen müssen, wie man die Netze des Terrors durchdringt, Agenten einschleust, Stimmen und Willen kauft und alles Notwendige unternimmt, in dieser dunklen und plutonischen Welt der Geheimagenten, um dem Feind zuvorzukommen, diesen abzufangen, den Nachschub abzuschneiden, seine Pläne und Verbündeten anzugreifen, ihn einzukreisen, festzunehmen und schließlich auszulöschen. Dies wird eine sehr große Kraftanstrengung werden, bei der wir alle auf irgendeine Weise mit einbezogen werden. Die alte Schmährede zwischen Freiheit oder Sicherheit zu wählen wird unsere Leben marodieren; doch in dieser Schlacht Siegen bedeutet zweifelsfrei, intensives Überprüfen und Hinterfragen von Dingen, die später nicht mehr geändert werden können und beinharte Willenskräfte bedingen. Die größte Kraft der Demokratie war schon immer ihre Dehnbarkeit, die Stärke der Anpassungsfähigkeit an sich wandelnde Umstände, das Gehen mit den Winden der Zeit. Sicherlich wird das Niveau der Kraftanstrengung nicht geringer werden als zuvor. Die Selbstverteidigung der neuen Ära verpflichtet uns Kampfkünstler unser Wissen in den Dienst der Gesellschaft zu stellen. Glauben Sie mir: Das sagen sie selbst! Derzeit sind es noch zu wenige Beamte und meist nicht ausreichend ausgebildet. Aus unserer Erfahrung für den Kampf mit und ohne Waffen, steuern wir (und tun dies jeden Tag mehr!) Formeln für das Training und die psychophysische Ausbildung bei, für jene Menschen, die unter großem Druck arbeiten und noch dazu schlecht bezahlt sind, dafür aber in der ersten Schlachtreihe stehen. Ein Paradebeispiel für diese neue Linie kann in jeder Straße, jedem Flugzeug, Zug, Metro oder Bus im Okzident entstehen. Daher sollten wir uns positive Handlungsweisen erstellen, um direkt einzugreifen, wie beispielsweise durch das Lehren unserer Schüler wie diese sich dieser neuen Herausforderungen zu stellen haben, denn die Kraft sind wir alle, in Anbetracht der Geschichte, sind wir Soldaten in dieser Schlacht. Dies bedeutet einen zusätzlichen Kraftakt der Ausbildung durch die Meister. Eine Anstrengung, die, das seien Sie sich sicher, jeden Tag mehr von den Schülern anerkannt wird, egal welchen Stil man betreiben mag. Zu guter

Letzt, auch wenn es niemandem gefallen mag, so ist sich darüber doch alle Welt bewußt, und wer immer noch schläft, dem ist nicht mehr zu helfen – so häßlich ist die Sache, Freunde!

Mit dieser Philosophie und nach dem Schrecken der Madrid erschütterte, fühlte ich mich verpflichtet, diesbezüglich etwas zu unternehmen, und das Ergebnis, mein lesender Freund, halten Sie in Ihren Händen. Ich möchte nicht gehen, ohne mein kleines Mosaiksteinchen zur Lösung dieses uns überschattenden Problems, beizufügen. Ich tue dies, wie es anders nicht hätte sein können, aus einer rein strategischen und globalen Sichtweise und Zielsetzung. Taktiken, Techniken und operative Formeln sind Privileg anderer.

Ich hoffe, daß diese Sonderausgabe Ihnen nicht nur gefallen wird, sondern auch, daß sie viel daraus lernen können, um sich selbst und andere zu schützen. Heben sie diese Edition auf und teilen Sie sie mit anderen. Machen Sie darauf andere Menschen aufmerksam. Wenn einer weiß, was zu tun ist, wird er unverzüglich zum Wächter aller. Ein einziger Mensch am richtigen Ort, kann den Unterschied zwischen Tragödie und Leben ausmachen. Wenn wir alle uns helfen, können wir uns dem Problem wirksamer stellen, ist dieses doch ohne Zweifel die größte Herausforderung des neuen Jahrtausends: Der Terrorismus.

Hippokrates, immer Hippokrates!
Die siegreiche Strategie

Ich habe darüber bereits in vielen Fällen und wegen sehr unterschiedlichen Motiven geschrieben: Die hippokratischen Prinzipien sind ein tadelloser Weg, Probleme anzugehen. Meister Hippokrates entwarf eine Philosophie der Handlung, welche man den „Natürlichen Weg" nennen könnte, eine Philosophie, die auf drei Prinzipien basiert, welche ich nicht nur nennen, sondern auch kurz erläutern werde: Wer Augen hat zum Sehen...(und die anderen notwendigen Dinge!) weiß bereits...daß man nicht...egal wie viel man auch erkläre...

1. Nicht schaden

Nicht schaden bedeutet, das Negative nicht zu ernähren, die Wege dessen Nachschubs abzuschneiden und den derzeitigen Prozeß zu unterbinden. Nicht schädigen bedeutet auch, daß all unsere Handlungen zum Angehen eines Konfliktes, einer Schmähreden oder eines Problems, nicht die generelle Situation des Konflikts verschlechtern (Patient, Planet,

Angelegenheit, etc.) welcher die Krankheit und deren Symptome produziert. Krankheit heißt auf Latein in-firmitas. „In" steht immer für eine Negation, und „firmitas" bedeutet Standhaftigkeit, Widerstand, Ausdauer, Stärke, Beständigkeit, Macht, Eigensinn, etc. Daher ist die erste Maßnahme, sich selbst zu stärken.

Die Krankheit des Terrorismus könnte eine Gelegenheit für unsere Gesellschaften sein, positiv und bejahend handelnd, damit sie viel stärker werden als bisher. In den letzten Jahrzehnten hat man sich zu sehr auf eine selbstbefriedigende, genußerfüllende Dynamik konzentriert, was uns möglicherweise Kraft, Perspektive und Richtung hat verlieren lassen, und so könnten wir eine bereits nicht mehr abwendbare Krise als Gelegenheit bezeichnen. Dann sollten wir mir Fleiß, Unverzüglichkeit und viel Kalkül und Klarheit in dieser Angelegenheit handeln.

2. Danach, Reinigen

Zurücknahme dessen was im Überfluß vorhanden ist, was dabei ist zu verkrusten und zu sättigen von seiner eigenen Kraft und Dynamik. Reinigen des Verschimmelten, des Verunreinigten, des Vergifteten. Dies impliziert ebenso eine positive Handlung gegenüber den defekten Dingen, um erneut ein Gleichgewicht einzuführen, damit das Phänomen von dessen Wurzeln her lösend, nicht von dessen Erscheinungen oder Symptomen her. Man erinnere sich an das Prinzip, daß alles, was das Symptom unterdrückt, den Grund, die Wurzeln nur noch verstärkt, denn beide sind in Wirklichkeit sich ergänzende Gegensätze.

Für das Herstellen des Gleichgewichts ist es bedeutsam daran zu erinnern, die Elemente der gleichen Kraft hinzuzufügen, die im Überfluß vorhanden ist, wenn auch auf negative Weise. Nehmen wir als Beispiel den Fanatismus. Dieser sollte nicht durch noch mehr Fanatismus der Gegenseite bekämpft werden, sondern mit einer analogen Energie, allerdings positiv geladen, wie dem Enthusiasmus, der Erziehung (welche die Lichter anzündet!), der Kreativität oder jeder anderen Kraft diesen Ranges oder Grades, welche die alten Chinesen in jener Reihe von Kräften einordneten, welche sie „Energie Feuer" nannten, aber in diesem Falle im Positiven.

Reinigen bedeutet zuerst, sich selbst zu reinigen. Dies ist ein Akt der Bewußtheit, um zu verstehen, wie wir in die jeweilige Situation geraten sind. Wer seine Vergangenheit ignoriert, ist dazu verurteilt, sie zu wiederholen. Der Ausstieg aus dem Kreis Handlung-Gegenhandlung impliziert das Betrachten der Dinge aus einer höheren Sichtweise heraus, die Gegensätze als Ergänzungen sehend, Anerkennen, daß die Einheit über den Teilen steht, das Gemeinsame in den Unterschieden sehen, polieren unnötiger Ränder, Einnahme flexibler und stabiler Haltungen.

3. Die Natur ist es, die heilt

Werden die nötigen Handlungen ausgeführt und das Gleichgewicht eingeführt, finden die Dinge, die Menschen und die Umstände ihren natürlichen Weg. So wie das Tao „nichts tut, aber nichts bleibt ungetan", löst der Weise das Rätsel, transformiert die Realität indem er zugunsten der natürlichen Kräfte handelt, er stützt sich auf sie anstatt sie zu zensieren.

Friede manifestiert sich, paradoxer Weise, wenn wir einen dauerhaften Zustand inneren Krieges einnehmen. Wenn der Mensch seine Augen den wirklichen Dingen der Existenz zuwendet, sei dies individueller oder kollektiver Natur, sind all seine Möglichkeiten gering, um der wahren und wesentlichen Front unserer aller Schlacht zu begegnen: Leben, Entwicklung, Sichern des Überlebens der Menschheit. Dies sind solch große Herausforderungen, daß alles andere Klein ist. Kreativität, Suche nach Schönheit, Harmonie und Wissen sind die edelsten Aufgaben und Herausforderungen denen wir uns stellen dürfen. Wir ziehen über diese Welt, wie schon der weise Häuptling Noah Sealth sagte, auch wußte, daß „die Erde nicht uns gehört, wird aber gehören zur Erde".

> **„Reinigen des Verschimmelten, des Verunreinigten, des Vergifteten. Dies impliziert ebenso eine positive Handlung gegenüber den defekten Dingen, um erneut ein Gleichgewicht einzuführen, damit das Phänomen von dessen Wurzeln her lösend, nicht von dessen Erscheinungen oder Symptomen her"**

VOM GANZEN UND DEN TEILEN

„Alles ist Eins, doch es zeigt
sich im Verschiedenen".
Lao Tse

Die Klassiker geben uns ein wunderbares Werkzeug des Wissens an die Hand, das sie die Beziehung der Elemente nannten. Selbstverständlich sind die Elemente eine Darstellung der Wirklichkeit, deren Vereinfachung es uns erlaubt, die verschiedenen Zustände von Energie und Materie zu unterscheiden. Diese Beschränkung auf das Wesentliche stellt für die Praxis viele Anwendungen bereit. Doch vor allem können wir dadurch die nötigen Dinge beurteilen; wir können sie kontrastreich und handlungsfähig, leitend und wandelbar sowie anpassungsfähig mit dem nötigen Abstand betrachten.

Im Osten wurde diese Kategorisierung durch die Unterscheidung in Yin und Yang vorgenommen, in Japan durch das In und Yo, und es wurden noch viele weitere Fachbegriffe eingeführt, um das auszudrücken, was Nyoity Sakurazawa Osawa das Einende Prinzip nannte. Die sich ergänzenden Gegensätze sind eine Darstellung der beiden wesentlichen Energien, die man in unserer Welt vorfindet, nämlich Feuer (Yang) und Wasser (Yin). Der aufsteigende Zyklus von Yin zu Yang (und der entgegengesetzte abfallende Zyklus) beschreibt eine dynamische Kraftumwandlung. Die alten Chinesen entschieden sich dafür, dies in den sogenannten „Fünf Elementen" (Go Kyo auf Japanisch) zu beschreiben, und stellten Beziehungen zwischen den Elementen her.

Stellt man die Ganzheit als einen Kreis dar den man in zwei Hälften teilt, so stößt man auf die Grundform von Yin und Yang. Im Bewusstsein darüber, dass in der Natur nichts gerade ist, wurde die Linie gewunden dargestellt. Die Weisen wussten, dass nichts absolut rein ist und fügten einen kleinen Teil des einen zum Teil des anderen. Eingeweihte wussten, dass sich alles in Spiralen bewegt, und so fügten sie ein Bildnis ein, das perfekt das „Perpetuum mobile" des „Uni-Versus" d.h. des „Einen in Bewegung" darstellt.

Im Westen hinterließen uns die Griechen eine eigene Sichtweise von dessen funktioneller Eigenart. Sie nannten die Elemente Feuer, Erde, Luft und Wasser, was sehr gut die kalten und warmen Kräfte darstellte, welche die Strömungen der Materie in Feuchtigkeit und Trockenheit unterteilen. Die vier Elemente finden sich perfekt dargestellt in einem Quadrat wieder, das von einem Kreis umgeben wird: vier definierte Punkte in der Gesamtheit des „Uni-Versus". Gegenüber der östlichen Darstellung muss man sagen, dass diese Abbildung weniger dynamisch, doch zweifelsfrei als Symbol erscheint, spricht das Quadrat im Kreis doch von einem extrem funktionalen Verständnis, in dem man u.a. das Wesentliche der Logik als Werkzeug des Bewußtseins erkennen kann – ohne Frage der wertvollste Schatz, den die Griechen der Menschheit hinterließen.

Es ist wahr, dass die Logik diese Form der Beschreibung der Welt in den letzte Jahrhunderten völlig ersetzt hat und ihre Argumente als die „einzig wahren Argumente" aufführt. Doch in den letzten Jahrzehnten wurde diesbezüglich eine Erneuerung vorgenommen, welche m.E. nach auf der Tatsache basiert, dass sich die Logik als einziger Weg in manchen Fällen erschöpft und keine Lösung bieten kann. Wir Menschen sind nicht nur „vernünftige Wesen", sondern wir verbringen einen beträchtlichen Teil unseres Lebens damit, Entscheidungen zu treffen, die auf allem Möglichen basieren, nur nicht auf Vernunft. Gefühle, erlernte Regeln, Gewohnheiten, Aberglaube und Voreingenommenheit entscheiden viel mehr als wir glauben möchten. Dies zeigt, dass Vernunft oder Logik allein nicht ausreichend sind. Auch wenn Vernunft und Logik ihren nicht zu bestreitenden Platz in der Entscheidungsfindung haben, so wird diese doch auch durch traditionelle Sichtweisen beeinflusst, welche es uns erlauben, in der Wirklichkeit zu handeln und diese nicht nur ableitend zu verstehen, sondern auch das Verständnis mit einschließend, was uns auch auf vielen neuen Gebieten handlungsfähig macht, die unsere westliche, wissenschaftliche Ausbildung nur wenig erfaßt oder gar leugnet. Um den Sprung in die Leere zu wagen, den Sprung ins kalte Wasser (einen Sprung den wir jeden Tag aufs Neue machen!), ist es selbstverständlich, dass man diese Dialektik auf ernsthafte Weise erlernt, und nicht so, wie man sie zu oft in den letzten Jahren verkaufte, nämlich fordernd danach, unsere kartesische Sichtweise der Welt zur Benutzung der althergebrachten Weisheit zu benutzen. In den Büchern über Akupunktur entdecke ich häufig jene Fehler, wenn ich die Weitschweifenden Erläuterungen lese, was Yin und was Yang ist, so als wäre eine Auflistung der Gotischen Könige genug, um die Geschichte zu verstehen. Diese Haltung hat dazu geführt, dass viele professionelle Akupunkteure sich darauf beschränken, gesetzte Formeln und Protokolle anzuwenden, aber generell unfähig sind, zu verstehen oder zu erklären, was sie eigentlich bewirken, nämlich dass sie mit den Energien Yin und Yang arbeiten. Dies könnte teilweise Resultat der „Verwestlichung" der traditionellen östlichen Lehren sein, eine inkorrekte Übernahme der grundlegenden Philosophien also, selbstverständlich untermauert durch die absolute Übermacht der modernen westlichen Gedankenwelt heutiger Tage, die ihre Ergebnisse in den materiellen Erfolgen sieht.

Es ist offensichtlich, dass die Anzahl der Teile, in die man das Ganze, das Eine, teilen möchte und welches als Kreis dargestellt ist, auf einer Entscheidung basiert, die von der Größe der Annäherung an das Detail abhängig ist, die ein spezifisches Modell zur Beschreibung der Welt anbieten kann. Die Teilung des Ganzen in beispielsweise zwölf Teile, würde uns zu den Quadranten führen, welche die Astrologie studiert, indem sie die Himmel der nördlichen Hemisphäre in zwölf „Häuser" unterteilt, denen wiederum die zwölf Konstellationen des Sonnenverlaufs zugeordnet sind, so wie man die Bewegungen der Himmel von unserem Planeten aus sieht. Der Zyklus beginnt mit der Tagundnachtgleiche des Frühlings, wenn die Sonne an der Konstellation des Widders „vorbeizieht". Jede Konstellation besitzt eine eigene Beschreibung eines der vier Elemente, Feuer, Wasser, Luft und Erde, die man im Horoskop wiederfindet. Diese Teilung des Ganzen in zwölf Teile wurde im Westen viel populärer als selbst den radikalsten Wissenschaftlern lieb gewesen wäre. Die Macht der traditionellen Formeln ist so stark, dass selbst die logische Sichtweise der Welt sie nicht hatte zerstören können. In jedem Falle können die genannten Darstellungen auf wunderbare Weise die Natur und ihre Kräfte und deren Beziehungen untereinander darstellen, so dass man diese, gekonnt und gut benutzt, als außergewöhnliche Werkzeuge für Gesundheit, Weisheit und Wohlbefinden verwenden kann.

Die Kampfkünste stehen dieser Weisheit ebenfalls nahe, haben sie es doch geschafft, ihre Verbindung zum Althergebrachten, den Traditionen, aufrecht zu erhalten, obwohl es stimmt, dass sich heutzutage nur noch sehr wenige auf den philosophischen Teil konzentrieren. Dies ist – m.E. nach – ein großer Fehler, denn das genannte Wissen ist nicht nur ein herausragender unterscheidender Aspekt für unsere Tätigkeiten, sondern die Mehrzahl der Schüler hungert geradezu nach solchen (Er-)Kenntnissen. Nicht zufällig wird als einer der häufigsten Gründe für das Erlernen der Kampfkünste das Finden der eigenen Identität angegeben, etwas, das man mit einer Heldentat in einer globalisierten Welt voller leerer Standards vergleichen kann.

Das Beschränken der Kampfkünste auf sportliche Anlässe oder auf die Selbstverteidigung und dabei die kulturellen und philosophischen Aspekte zu ignorieren, bedeutet, auf das über Jahrhunderte hinweg bewahrte lebendige und aktive Potential zu verzichten. Wir alle sollten uns anstrengen, dass dem nicht so geschieht.

DER 6. SINN

„Die Wahrheit wird uns frei machen -
doch zuvor wird sie möglicherweise schmerzen".

Die Suche nach dem Magischen als Abkürzung zum Erlangen außergewöhnlicher Fähigkeiten geschieht nicht nur bei den Kampfkünsten, es scheint vielmehr eine Art gemeinsame Tendenz der Menschen zu sein. Ich könnte mit dieser Gewohnheit leben - immer dann, wenn sie sich auf den radikalen Sinn, die Wurzel also, bezieht, und nicht auf langläufige Interpretationen:

Magie stammt vom Lateinischen „Magnus" („das Große"; Anm. der Redaktion) und für mich gibt es keinen Zweifel, dass die Spanische Volksweisheit „wer mit vielen kann, kann auch mit wenigen" von essentieller Wahrheit ist. Nehmen wir an, die sogenannte Abergläubigkeit ist ein magisches Mittel – dann kann ich dem leider nicht mehr zustimmen. Was für die einen wie Betrug und Schwindel erscheint, ist für andere blankes Wissen. Es gibt viele Dinge, die wir nicht erkennen - oder besser gesagt – die wir nicht bestätigen können, denn es gibt nur einige wenige Dinge, die wir wirklich wissen. Von dieser besonnen Position aus und die menschliche Neugierde im Blick, ist es möglich, dass wir einige Dinge mehr in der kurzen uns gegebenen Zeit erlernen.

Bezieht sich jemand auf den sechsten Sinn, so versucht er ein Band von Wahrnehmungen auszudrücken, welche über die fünf körperlichen Sinne hinausgehen. Viele der Dinge, die wir als außergewöhnlich ansehen, sind es schon aufgrund ihrer Natur nicht. Vielmehr ist es unsere eigene Unwissenheit bzw. unsere Sichtweise des Vorgefundenen, die diese Welt so bestimmt, wie wir sie uns von klein auf in unserem Geist erbaut haben. Die Wahrnehmung der Welt hat es uns zwar erlaubt, die Welt anzuführen und über andere Kreaturen zu herrschen, doch auf dieser Reise haben wir ohne Zweifel bemerkenswerte Eigenschaften verloren. Es gibt viele, die behaupten, solche Eigenschaften seien nicht wichtig und sie sind verloren gegangen, eben weil sie durch bessere ersetzt wurden. Meiner Meinung nach ist dies ein typisch arroganter Kommentar, resultierend auf der logischen Wahrnehmung des Universums. Um meine Anschauung zu verdeutlichen, möchte ich eine einfache und für unser Überleben wichtige Eigenschaft anführen: Unsere Fähigkeit, die Nahrung auszuwählen, die uns gut tut und die für uns bestimmt ist oder das Abweisen jener Nahrung, die nicht für uns bestimmt oder verseucht ist. Einige von Ihnen werden sicher im Laufe ihres Lebens schon eine Lebensmittelvergiftung – wie z.B. eine Fischvergiftung – durchgemacht haben. Was ist das für eine Fähigkeit, dies vor dem Festschmaus zu erkennen – besonders wenn man zuvor fragt, welcher Teil des Verdauungsapparates als erster Kontakt mit der Toilette aufnehmen wird!

Durch unsere logische Wahrnehmung der Welt vergöttern wir die Definitionen und die Grenzen. Logik basiert auf Analyse und diese wiederum auf Teilung. Meinen wir Baum, dann sagen wir Wurzel, Stamm und Blätter. Doch all dies ist kein Baum. Ein Baum ist lediglich eine Wahrnehmung. Als Maler haben mich schon immer Farben & Formen, die Schönheit von Licht & Schatten, die Geheimnisse der Dreidimensionalität und die Tiefe, die man auf einer Fläche von nur zwei Dimensionen abbilden kann interessiert. Auch heute noch erstaunt es mich, was unsere Augen alles wahrnehmen, und dass all dies nur eine Wiedererschaffung unseres Gehirns ist, reflektiert vom Licht, das auf einen Gegenstand gefallen ist. Dazu noch die vibrierenden Wellen, die unser Nervensystem wahrnehmen kann! Dass dies alles so real erscheint, ist nicht stimmig! Es ist wie bei der Parabel der Matrix; wir leben und interagieren mit einer Welt, von der wir nicht wirklich wissen, wie sie in ihrer gesamten Dimension aussieht.

Ich glaube, der sechste Sinn ist eine Ausrede, die Tür, durch die man sich einschleicht und die es unserem Geist ermöglicht, ungewöhnliche Dinge wahrzunehmen, weit entfernt von den steifen Parametern der Vernunft. Die Vernunft - auf die wir so stolz sind - arbeitet von einem biologischen Zentralrechner aus, der durch Abläufe funktioniert, die man mit Hilfe von erlernten Programmen eingespeist hat, die uns in die Lage versetzen, neue bioelektrische Wege zu generieren, Erinnerungen zu sammeln und abzurufen, und zu Schlußfolgerungen zu gelangen. Die Basisprogramme sind vor allem aufs Überleben ausgelegt und wurden durch eine Jahrmillionen lange Entwicklung und durch biologische Grundregeln festgesetzt – auch wenn die Vernunft als kleiner Teil des Gehirns, mit dem wir uns so stark identifizieren, nicht verstehen kann, was vor sich geht.

Der sechste Sinn schließt - mit mehr oder weniger großem Erfolg – im Einklang mit der Steifheit, mit der wir die Welt beschreiben, die nahezu unüberbrückbare Entfernung zwischen Vernunft und Biologie. Lassen wir die Tür zur Neugierde offen, wenn wir die Begrenzung unseres Wissens anerkennen, dann sind wir besser vorbereitet, uns mit jenem anderen Teil unseres Seins zu verbinden, der über eine angeborene Weisheit verfügt.

Der Körper weiß Dinge, die der Geist nicht kennt. Er ist in der Lage, auf den ersten Blick absurde Gewißheiten beizusteuern, die ansonsten schwer oder gar nicht zu verstehen sind. Ich habe die innere Gewißheit, dass all dies automatisch geschieht, sollten wir von unserer zentralen Kontrolle ablassen. Die Welt der Träume ist einer jener wundervollen Augenblicke, in denen wir vom Mysterium eingehüllt werden. Doch auch im Wachstadium gibt es Gelegenheiten und Vorfälle, die in der Lage sind, dem tyrannischen Zentralrechner einen Staatsstreich zu versetzen. Kritische Situationen etwa, die mit einer zeitweisen Amnesie einhergehen, in der ein Individuum Dinge schafft, die sonst nur Supermann fertig bringt. Es sind Vorfälle, die genauestens aufgelistet und bezeugt wurden. Ein Betrunkener z.B. schafft es, seine vorderen Stirnlappen und die Hirnstammrinde auszuschalten, ja sogar sein Kleinhirn zu betäuben. Im nüchternem Zustand würde dies einen Menschen töten, doch in der Trunkenheit berührte es ihn fast nicht.

Möglicherweise werden im Todesschlaf einige dieser Mechanismen aktiviert und das Hinübergehen in die andere Welt wird womöglich angenehmer sein, als wir annehmen. Ich mag nicht glauben, dass die Natur, die ansonsten so großzügig mit uns war und noch immer ist, gerade in einem solchen Augenblick von Kraft, Macht und Mysterium anders handeln sollte.

Die Kampfkünste können den sechsten Sinn entwickeln, man muss dafür nur offen sein. Wer die Dinge sucht – dem werden sie zwischen den Fingern zerrinnen.

SOLLTEN WIR POSITIV SEIN?

„Ein Problem ist eine Gelegenheit, die sich als Arbeit verkleidet hat".

Wenn Druck, Spannung und Probleme sich aufbauschen und alle zusammen kommen, wenn die Energie sich ihnen zu stellen zusammenbricht, die Vorstellungsgabe nicht mehr funktioniert und jede neue Sache als ein weiterer Schritt in eine Art vorgesehene Strafe zu sein scheint, dann geehrter Leser - haben sie möglicherweise seit längerem den Kopf verloren. Wie begann denn alles? Wo beging man den ersten Fehler?

Solche negativen Verkettungen haben immer einen bestimmten Anfangsmoment. Diese kleine Abweichung von der Marschrichtung kann durch Zeit und Raum zu einem schlimmen Erdrutsch werden... Und die Reise ist - mit etwas Glück - recht lange. Paradoxerweise ist die Fähigkeit des Menschen, Schicksalsschläge auszuhalten, vielleicht seine größte Tugend, und die die ihn immer wieder Überhand gewinnen läßt vielleicht seine defekteste, kann er durch diese Hartnäckigkeit doch leicht die Fähigkeit des Lernens verlieren.

Die Evolution ist eine Sache, die auf so etwas einfachem wie dem Fehler basiert - und gewissen Arbeitseinsatz benötigt, um immer weiter vom „Schwarz-Weiß" Bild zu kommen. Alles wird komplizierter, wenn man einmal bemerkt, daß es sich um enorme Graustufen handelt, in denen man sich leicht verlieren kann. Wie können wir unser Bewußtsein bearbeiten, um die richtige Urteilskraft zu erhalten? Wie kann man die Zielscheibe treffen wenn man sich auf voller Fahrt befindet?

Die disziplinären Künste geben uns dazu die Antwort: Behalte deine Mitte! Schließe dich gegen die Zerstreuung! Öffne dich der Erfahrung! Werde eins mit dem, was augenscheinlich anders ist und vereine die Gegensätze!

Welch schwierige Aufgabe in den Zeiten, in denen wir leben! Ich glaube aber auch nicht, daß diese Aufgabe in einer Zeit wie im alten Ägypten wesentlich leichter gewesen wäre, doch ebenso möchte ich glauben, daß es jedem aufgefallen sein dürfte, daß die Beschleunigung, die Spannung und die extremem Kräfte (radikal, wer dies will) in unserer Zeit die Arbeit nicht leichter machen. Alte Aufgaben in einem sich ständig und ewig wandelnden Umfeldes.

Dadurch bekommt der alte Ratschlag positiv zu sein, immer größere Bedeutung. Wir benötigen alle Rettungsmaßnahmen die wir haben! Wir wollen schließlich nicht blinder werden, sondern immer scharfsichtiger. Positiv zu sein bedeutet nicht, in einen Wahn zu verfallen. Doch Probleme übersehen oder einfach nicht beachten ist keine Lösung. Man muß positiv sein... so wie man eben den Stier an den Hörnern packt, egal um was für eine Angelegenheit es sich auch handelt. Jede Angelegenheit hat ihre ungemütliche, spitze, schneidende Seite, und der berühmte und verdeckte Dolchstoß ist sehr gefährlich.

Positiv zu sein bedeutet, einen besonders konstruktiven Geist zu haben, aus Strategie und Einstellung. Positive Einstellung verleiht uns selbst vor dem Unvermeidlichen eine effizientere und pragmatischere Bereitschaft. Vorstellungsgabe und Zielsetzung auf positive Aspekte in einer leidlichen Sache wird ein Problem immer wieder zu einer Gelegenheit verwandeln, die bereit ist, bearbeitet zu werden. Allerdings, ergreift das Dunkle Besitz von uns, werden wir niemals einen Ausgang sehen; eingehüllt von totaler Dunkelheit, verloren im Nebel, dann ist eine Ausrichtung unmöglich...es bleibt uns dann nur noch, das Licht zu entfachen. Daher sagen die Klassiker „Schließe dich gegenüber der Zerstreuung!", da dadurch die Lebenskraft zunimmt. Vitalität ist Energie und Energie besitzt immer eine Schwelle, von der unausweichlich Licht einströmt.

Ein Lächeln (und was erst bei einem Gelächter!) kann einem das Leben retten, uns auf die korrekte Distanz ausrichten, eine Perspektive beisteuern, welche uns den Konflikt angehen und durchgehen läßt, also den verdeckten Teil integrieren läßt. Positivität gibt uns die Gelegenheit, die gleiche Sache mit anderen Augen zu sehen. Lachen ist daher eine großartige Strategie. Man sollte gleich bei sich selbst beginnen! Welche Methode ist besser, die persönliche Gewichtigkeit augenblicklich zu neutralisieren? Und es ist so, daß wir nur durch das Wichtignehmen unserer Selbst leiden können, nur durch unsere Wichtigkeit entsteht Leiden.

Gehen wir die Probleme richtig an, so sind Schwierigkeiten nicht mehr als ein Luftstoß eines kleinen Teufelchens innerhalb einer großen Symphonie. Weshalb hört man denn nicht ausschließlich auf dieses Instrument? Positiv sein bedeutet, die gesamte Symphonie zu hören - und die irritierenden Ausreißer der Trompete natürlich auch! Vielleicht bemerken wir ja, daß die Trompetenstöße gar nicht in die Gesamtharmonie hineinpassen! Und wer dann noch weiter geht... Der Weg wird uns gefallen!

Positivität ist eine großartige Strategie, welche es uns unmöglich macht, in das Naive zu verfallen. Und was ist naiver vom Standpunkte „gut und böse" zu urteilen? Wenn jemand die Positivität über die Negativität stellt, die dunklen Seiten der Dinge verleugnet, ist unwiederbringlich in einen Widerspruch verwickelt. Er vereint die Gegensätze nicht. Er konfrontiert sie miteinander! Dies ist die Figur des Scheinheiligen, des Fundamentalisten, der predigt ohne verstanden zu haben, der natürlich das „Gute" macht, was früher oder später zum „Bösen" wird. Nein. Nein, dies ist nicht der Weg des weisen Menschen, des Kriegers, der Weg, auf dem uns die Weisen die in dieser Welt waren, die Ratschläge zuraunen.

Das Paradoxe unserer Realität, das Spiel der sich ergänzenden Gegensätze, macht aus unserem Plan der Bewußtheit und des Seins ein subtiles Schattenspiel, mit Klangverschiebungen und Formveränderungen, enorm reich und komplex. Und in diesem Reichtum liegt der Zauber, und der Weise weiß den Nektar in seiner unvergleichlichen Flüssigkeit zu kosten, diese Verwirklichung des Einen mit den Tausend Teilen. Um dieses Mysterium tagtäglich zu verstehen, muß man vom ersten Prinzip aus leben, das uns die Tradition hinterlassen hat: Bewahre das Zentrum. Dies ist ein gigantisches Paradoxum, doch nur aus der Mitte heraus können wir die Randerscheinungen wahrnehmen. Eines der Mysterien des Universums ist, daß wir, die Schöpfung, in der Lage sind, uns selbst zu sehen, die Schönheit eben dieser Schöpfung zu erkennen, in ihrem Glanz, Größe und Macht. Gibt es denn eine „religiösere" Erfahrung als diese?

Positivität ist eine gewählte Ausrichtung auf unserem Weg zum Unendlichen. Wie entdeckt man, ob man sie richtig benutzt? Nichts einfacher als dies! Immer wenn die Wahl der Positivität uns nach vorne, oben, innen und in Richtung des Ganzen gehen läßt....dann habe man keine Zweifel mehr. Der Kompaß funktioniert!

„Dies ist ein gigantisches Paradoxum, doch nur aus der Mitte heraus können wir die Randerscheinungen wahrnehmen. Eines der Mysterien des Universums ist, daß wir, die Schöpfung, in der Lage sind, uns selbst zu sehen, die Schönheit eben dieser Schöpfung zu erkennen, in ihrem Glanz, Größe und Macht. Gibt es denn eine 'religiösere' Erfahrung als diese?"

GESCHÄFTE UND KAMPFKÜNSTE?

(Bezüglich Kampfkünste...)
„Sie sind selbstverständlich mein Steckenpferd,
und ich bin nicht gegen den Gewinn".
(Ein neuer Freund)

Der Markt und der Handel sind wesentlicher Bestandteil der sozialen Gewohnheit der menschlichen Natur. Nehmen Sie nur den Erfolg, den diese Einrichtung auf dem gesamten Planeten hat. Dazu muss man wissen, dass für den Erfolg eine solide Grundlage vonnöten ist, etwas, das in unseren elementarsten Codizes verankert ist. Der Handel ist die Antwort auf das Naturgesetz des Gleichgewichts. Der stattfindende Austausch ist vor allem eine Handlung Merkurs. Merkur bewegte sich als Gott der beflügelten Füße, der Kommunikation und des Wortes (wie der Planet, der seinen Namen erhielt) mit großer Geschwindigkeit und brachte Nachrichten von einem Ort zum anderen. Und wenn jemand reist, dann entdeckt er schnell, dass das, was an einem Ort in Fülle vorhanden ist und deswegen nur wenig geschätzt wird, an einem anderen Ort, wo es nur wenig davon gibt, lieb und teuer ist. Dieser höhere Wert ist dabei die Grundlage des Handels.

Was für uns die „Merkurier", waren in der esoterischen und kryptischen Sprache der Alchimisten die Elemente, die in der Lage waren, transportierende Eigenschaften von anderen Elementen aktiver oder reaktiver zu gestalten, die ansonsten nicht in der Lage gewesen wären, sich von alleine zu bewegen. Diese Funktion ermöglichte den Austausch und die Bereicherung der Materie und deren Funktionen, so dass diese in immer komplexere Einheiten gefasst wurden. Ohne „das Merkurische" wäre das Leben, so wie wir es kennen, unmöglich.

Schon die Griechen und Römer als die antiken Väter unserer Kultur verstanden schnell das Wesen dieser Kräfte, und gaben ihnen einen privilegierten Platz in ihrem Olymp. Palas Atenea, die Göttin Minerva, war als weise und überlegte Kriegerin, die im Kopf des Zeus geboren wurde, die Beschützerin der Händler, des Wissens, der Unternehmen, der Arbeit und des Handels. Möglicherweise ist ihre Figur im Großen und Ganzen phönizischen Ursprungs und Ursprung derer Göttern, da Menschen Gottheiten immer in der Größe ihrer selbst erschaffen. Die Luft, welche die Segel der Reisenden füllte, war immer schon das Element, das am besten die Natur Merkurs repräsentierte. Sowohl die Gedanken, stets schneller als die eigenen Handlungen als auch die Zeichen, die Schrift, die Unterhaltung, die Poesie waren seiner Regentschaft unterstellt und nehmen an der gleichen, sich wandelnden Essenz teil, moduliert, unabdingbar und neugierig.

Doch nicht in allen Kulturen wird diese Neigung gleichermaßen geschätzt. Die eher verschlossenen Kulturen hatten meist zwei antagonistische Tendenzen bezüglich Merkur vorzuweisen. Isolierung und Stummheit gehen immer mit geringen kommerziellen Handlungen einher. Das Zurückweisen dieser Handlungen hat oftmals eine Subkultur geschaffen, die immer alles zurückweist, was mit dieser Idee in Verbindung steht bzw. symbolisiert wird.

Ich konnte beobachten, dass im Umfeld des Kriegerischen diese Angelegenheit nicht immer gut verstanden wird. Einige der traditionellsten Elemente stützen sich möglicherweise auf die Einstellung der Kaste der Samurai (die sich nicht unbedingt von der Einstellung der mittelalterlichen Ritter aus Europa mit ihrer abweisenden Haltung gegenüber dem „vil metal" unterscheidet), eine Tatsache, die in beiden Fällen zum Untergang und dem Ende einer Ära führte. Die Anmaßung derer, die diese Einstellung unterstützten, wurde in vielen Ritualen und einigen sublimeren Ideen ausgelebt, die allesamt falsch verstanden und ausgelebt wurden.

Es ist verständlich, dass die negativen Aspekte des Handels wie der Wucher, das Ausnutzen über die zumutbare Grenze hinaus, der Gewinn - der für andere stets Verlust bedeutet - oder jede andere Form des Missbrauchs, der Selbstbereicherung oder der täuschenden Spekulation unvertretbare Aspekte sind. Doch man kann eine Handlung, eine Idee oder ein Element nicht allein aufgrund seiner negativen und dunklen Aspekte richten. Selbst das Element Feuer schützt sich vor dieser Verurteilung! Feuer kann zerstören, konsumieren, überrollen, aber eben auch wärmen, transformieren, sublimieren und reinigen, damit das Leben sich erneuert.

Es stimmt, dass viele Menschen sich im Umfeld der Kriegskünste mit dem Kommerz und den diesen begleitenden Aktivitäten schlecht ins Bild setzen und in einem ständigen Zustand des Widerspruchs leben. Diese Reibung manifestiert sich häufig im Jähzorn des „Purismus". Bei jenen Gelegenheiten, bei denen ich mit solchen Personen über Werbung, Strategiepläne, etc. für ihre Schulen, Verbände oder das Dojo sprechen konnte, konnte ich feststellen, dass es sie viel Mühe kostete, den positiven Teil der merkurischen Energie zu verstehen. Sie ziehen es vor, sich den Händen des Mars auszuliefern, bevor sie sich dem überlegten Reiz der Athene hingeben. Dies ist m.E. einer der wesentlichen Gründe der Auslöschung vieler alter Weisen, Schulen und Künste, die sich selbst besiegten und erschöpft durch ihre eigene Nichtkommunikation, Selbstzensur, „Purismus" und Geheimnistuerei ausstarben.

Doch, liebe Leser, vertrauen Sie mir. Ich richte nicht unparteiische. Als Zwilling, der Teil einer Konstellation ist, die vom Merkur regiert wird, bin ich als Schriftsteller, Verleger, Händler und Redner in einem absolut merkurischen Beruf und glaube bis in den Tod an die Kommunikation, den Gedanken und den Austausch, sei dies durch Güter oder durch Wissen. Seit ich diese Zeitschrift geschaffen habe, musste ich mich vielen Fällen (oftmals waren es frontale Zusammenstöße) stellen, bei denen ich Heimlichtuerei oder die betrügerische Anmaßung der Exklusivität bemerkte. Vom ersten Tag an bemühen wir uns darum, Türen und Fenster dieser kleinen Welt zu öffnen. Wir erkundigen uns über dieses oder jenes, bringen uns in Verbindung mit diesem und jenem, verbreiteten Wissen um fast untergegangene, ignorierte Künste, befragen Wissende und öffnen uns auch noch der skurilst erscheinenden Neuheit, die man sich nur vorstellen kann. So kann jeder Gericht halten und für sich selbst entscheiden, ob er Positives in sein Leben aufnehmen will.

Es gibt keinen Widerspruch dazwischen, zu leben was einem gefällt, zu prosperieren und Geld zu gewinnen und der Wahl dem Weg des Kriegers zu folgen. Einmal mehr liegt die Antwort nicht im Haben (oder nicht Haben), sondern im Sein. Das asketische Bild des Kriegsmönches ist ein Archetyp, der im Geist Feuer fangen, richten, die persönliche Wichtigkeit und die Anmaßung als gegensätzliches Bild ermutigen kann. Es ist dumm zu glauben, dass der eigene Weg der der Reinheit und Abweisung ist, wenn uns die Wirklichkeit zeigt, dass diese Menschen an diesem Weg mit Verzweiflung festhalten, kaputt von der Idee, einen Fußbreit vor ihre Schutzzone zu setzen, damit sie sich ja nicht irren. Meine Freunde: Errare humanum est! So ist das Wesen der Menschen - ich entschuldige mich, außerdem gibt es niemanden zu beschuldigen... ein Krieger übernimmt immer die Verantwortung für seine eigenen Taten.

Die Geschäfte basieren als kreativer Austausch und nicht als Verneinung der Muße auf einem gerechten Sinn. Es geht um die Gelegenheit (Synchronie) und gegen die Selbstbereicherung, um die Produktion und gegen die Spekulation. Der geniale Austausch, der beide Teile ohne Fallstricke und ohne Missbrauch bereichert, ist eine edle Form auf dieser Welt zu wandeln. Man nimmt das Nötige, um seine Träume als Mensch und auch als Kampfkünstler zu verwirklichen. Wer beide

Welten zu versöhnen weiß (die ja eigentlich eine Welt sind!), der benötigt nur die richtige Perspektive.

Alles in der Natur benötigt zu seiner Existenz das Merkurische. Auf dass niemanden das Pfand schmerzt - man muss es nur unbestechlich tun.

GICHIN FUNAKOSHI
Analyse der 20 Goldenen Regeln
des Gründers des Karate-Do

Gichin Funakoshi war nicht nur der Gründer und Ordner des Karate-Do, sondern auch derjenige, welcher der Kunst seinen eigenen Sinn des Lebens einflößen konnte. Die Techniken und die Wurzeln des Karate-Do existierten bereits - wie wir alle wissen - als Funakoshi damit begann, das Gesamte zu einer einheitlichen Struktur zu formen. Es war seine Vision und die persönliche Verpflichtung seines Charakters, durch die er jene Kraft erhielt und einem Stil seinen globalen Sinn geben konnte, der weltweit als eine der Referenzen der Kampfkunst ist. Daher ist das Wissen um die Konzeption des Karate von Funakoshi sicher keine unnötige Anstrengung. Heutzutage wissen nur wenige der jungen Schüler über die ursprünglichen Formeln seiner Kunst. Für manche mag es sogar anachronistisch erscheinen, wenn wir in diesem Artikel die grundlegenden Anleitungen des Meisters wiedergeben und untersuchen. Doch wer seine Vergangenheit nicht kennt, der kann nur schwer seiner Zukunft entgegengehen.

Funakoshi war ein Mann mit einem besondern Charakter. Um Funakoshi als Person zu verstehen gibt es nichts besseres, als seine Autobiographie zu lesen. „Karate-Do - Mein Lebensweg" wurde glücklicherweise in fast alle Sprachen übersetzt. Dort findet man einen einfachen Mann, und keinen Intellektuellen. Ein Mann von aufrichtigem und geradem Charakter mit einigen Prinzipien, die das Rückrad eines starken und treuen Charakters bilden, indem sie seinen Überzeugungen folgen. Ohne Zweifel war der Umgang im Leben mit ihm nicht einfach, war er doch noch eine jener Menschen mit magnetischer Anziehungskraft, ein geborener Führer, der seiner Umgebung seine Nachricht mit starker Überzeugungskraft zu vermitteln wusste. Auch wenn die von ihm definierte Kunst nur wenig mit den Formen und Prinzipien von heute zu tun hat - also so, wie wir das Karate kennen - so wäre eine Entwicklung doch ohne den Fixpunkt von dem Weg der leeren Hand unmöglich gewesen.

Um das Karate von Heute zu verstehen, ist es notwendig, eine der wichtigsten Hinterlassenschaften von Funakoshi zu kennen, die sich zusammengestellt in seinem Dojo Kun befindet. Es handelt sich dabei um zwanzig Prinzipien für die äußere Form und Einstellung, die für das Ausüben der Kunst vonnöten sind, damit der Schüler die Meisterschaft erfährt. Diese Prinzipien wurden früher mit lauter Stimme in jeder Unterrichtsstunde aufgesagt, eine verlorene Praxis, die man selbst in den traditionellsten Schulen nicht mehr vorfindet. Rezitiert als Litanei, kannten die Schüler sie auswendig und auch ohne sie zu verstehen, begannen sie doch schrittweise deren Sinn aufzunehmen und deren Existenz zu begreifen.

Den Artikel den wir heute veröffentlichen möchten, versucht sich auf den versteckten Sinn und die Gründe dieser zwanzig Regeln zu konzentrieren, um auch den Jüngsten unter uns ein tieferes und vollständigeres Verständnis der wesentlichen Ursprünge seiner Kriegskunst zu ermöglichen. Die Älteren und Erfahrenen dagegen sollen an die kriegerische Tradition und die Fundamente erinnert werden.

Funakoshi war kein Mann vieler Worte und er erklärte nur wenig. Er war der Auffassung, dass das, was man mit dem eigenen Körper einmal erlernt hat, niemals vergessen wird, wogegen das, was man mit dem Kopf erlernt, nur allzu leicht wieder vergessen wird. M.E nach ist dies absolut richtig, doch der Meister hat sich wahrscheinlich nicht vorstellen können, dass in künftigen Zeiten der Kopf zu etwas mehr als nur einem Hutständer dienen wird. Ohne den Gründer widerlegen zu wollen, sehen wir es als grundlegend an, in den Wesentlichkeiten des Karate zu forschen, jeden Punkt einzeln zu untersuchen und seine Bedeutung von diesem Erbe, voller Wert und Gültigkeit für unsere Zeit und für alle Zeiten herauszuschälen. Es ist ein weiteres Geschenk des Gründervaters, demgegenüber alle Karatekas Respekt und Dankbarkeit zeigen sollten.

1. Karate-Do beginnt und endet mit dem Gruß

Höflichkeit und Respekt zeigt sich und erfährt man durch die Praxis. Grüßen ist eine Erinnerung für unseren Körper, dass er einigen Kriterien zu gehorchen hat, in denen der Respekt andere Impulse, die sich durch die Ausübung ergeben (Aggressivität, Angst, etc.) zu unterdrücken hat. Dies zu meistern ist eine der Aufgaben des Kampfkünstlers.

Doch über die Höflichkeit hinaus besitzt der asiatische Gruß mit dem Neigen des Kopfes weitere symbolische und energetische Bedeutungen, die nur wenig verbreitet sind oder meist vergessen wurden. Beim Absenken des Kopfes - sowohl in Position Seiza als auch im Stand - vereint man die Prinzipien von Himmel und Erde. Die Prinzipien und Energien, welche über die Wirbelsäule (Haupt und Genitalien) durch unseren Körper fließen, sind wie zwei Schlangen der Kraft. In Seiza haben sich die Hände gleichzeitig (nicht zuerst eine und dann die andere) in Form des Dreiecks zu vereinen, wobei man zwischen die Daumen und Zeigefinger die Stirn zu bringen hat.

Höflichkeit bedeutet Steuerung der Instinkte, und die Wiederholung ist immer erzieherisch und organisiert die Hierarchien. Der Gruß an den Meister z.B.

verfolgt diesen Sinn. Der Gruß für den Gegner bestätigt den formalen Raum des Kampfes und seine Grenzen. Wir erinnern uns, dass der Gegner sich darin befindet und nicht außerhalb. Unser Gegenüber ist nur ein Spiegel, eine Möglichkeit sich darüber bewusst zu werden, wo unsere Grenzen zu finden sind, indem diese reflektiert werden. Der Andere ist nicht Schuld an diesen Grenzen.

2. Karate-Do nicht ohne Sinn benutzen

Sun Tsu beginnt sein Werk über den Krieg mit den einschlägigen Worten: „Der Krieg ist eine lebenswichtige Angelegenheit, das Gebiet von Leben und Tod, man darf sich ihm nicht leichtfertig nähern". Das Bewerten der Aggression ist philosophisch gesehen ein komplexes Anliegen. Für Funakoshi erklärt sich die Aggressivität nur als defensiver Akt. Die freie Gewalt wurde vom Meister immer wieder verurteilt. Er war selbst gegen den Ju Kumite (Freikampf), den sein Sohn verfocht. Karate ist mehr als nur Kampf, es ist eine Ausbildung der Persönlichkeit und des Geistes. Der Schüler bildet Körper und Geist aus, um einen Zustand der Wachheit und Meisterschaft zu erlangen, und nicht um mit seinen Fähigkeiten zu prahlen oder um sich und den anderen etwas (nämlich nichts!) zu beweisen.

3. Ausübung des Karate-Do mit Gerechtigkeitssinn

Um den vorigen Punkt noch weiter zu unterstreichen, fügt der Meister an, dass Karate nur in begründeten Fällen und auch dann nur mit tadelloser Einstellung benutzt werden darf. Außerdem macht uns Funakoshi mit diesem Punkt auch auf jene aufmerksam, die das Karate und dessen Fertigkeiten zu unedlen Zwecken benutzen. Für die Lehrer war die Auswahl der Schüler und das Erkennen ihrer Absichten für das Erlernen der Kunst eine der wichtigsten Aufgaben. Heutzutage hat das Geld diese Ansichtsweisen kräftig verändert und so wird nur noch derjenige angenommen, der zahlen kann. Wir tun gut daran zu erinnern, dass wir eine Aufsichtspflicht für das Unterrichten der Kunst haben.

4. Erkenne Dich selbst und dann erkenne den Anderen

So wie der Text über dem Portal der Orakel von Delphi schon sagte, „erkenne Dich selbst", so stellt Funakoshi hier eines der bedeutendsten

Prinzipien des Weges des Kriegers auf. „Schade niemandem!". Anstatt sich immer wieder herauszureden und die Schuld auf die negativen Umstände und „die Anderen" zu schieben, weist uns Funakoshi an, zuerst in unser Inneres zu blicken und auf diese Weise für unsere Taten verantwortlich zu werden. Anstatt Zeit zu verlieren, indem man vor dem eigenen Elend flieht, verweist der Meister mit Strenge auf unser Urteilsvermögen und unseren Verstand. Man betrachte sich zuerst selbst, dann sich selbst, danach noch mal sich selbst und wenn man sich dann noch einmal betrachtet hat, dann berücksichtige man andere.

5. Aus der Technik entsteht die Intuition

Dabei handelt es sich um eine Idee, die im Westen oft falsch verstanden wird. Viele verstehen, dass die Technik an sich wichtig ist, doch sollten wir auch berücksichtigen, dass für den Asiaten der Wert der Dinge in der Form zu finden ist. Die Tasse existiert und besitzt eine Nützlichkeit durch die Leere, die sie in sich trägt. Das Rad rollt und hat seine Struktur durch die Leere zwischen den Speichen.

Die Technik ist also „die Form", die uns zur natürlichen Bewegung führt, sie ist kein uns würgendes Korsett, das uns am Fließen hindert. Um eben jene Fähigkeit zu erhalten ist es nötig, die Technik zu üben, damit man durch dieses Wissen die Verbindung zum „Natürlichen" erfahren kann. So erinnert uns Funakoshi, dass wir durch das Ausüben einer technisch korrekten Form mit unserem wesentlichen Wissen verbunden werden, mit der Intuition, um auf natürliche Weise mit den unendlichen Umständen fließen zu können.

6. Vermeide das Abschweifen des Geistes

Konzentration (Sammlung) ist in der asiatischen Kultur alles. Wenn das harte Training genügend Druck ausübt neigt der Geist dazu, abzuschweifen mit dem Ziel, die Anstrengung zu unterbrechen. Funakoshi war ein Mann der Gewohnheiten und solider, geordneter Ideen, mit dem Wissen, dass alles in Yin beginnt.

Das Festhalten im Hier und Jetzt ist für die Praxis des Karate essentiell, um als Weg des Bewußtseins wertvoll sein zu können.

Routine und Wiederholungen in der Ausbildung sind eine harte Probe für die Konzentration. Der Schüler hat das geistige Abschweifen zu unterdrücken, ebenso das Mechanisieren der Bewegung. Nur wenn die Techniken in ihm gegenwärtig sind, werden sie die richtige Kraft und

Intensität besitzen. Nur wer sich auf die Anwendung konzentriert, der kann die uns eigenen Kraftsysteme auffüllen, um beim Beenden des Trainings stärker zu sein als bei dessen Beginn.

7. Scheitern entsteht aus Fahrlässigkeit

Für den Meister gibt es keine Zufälle. Kein wenn und aber! Mit diesem Punkt unterstreicht der Gründervater den vorherigen Punkt, nämlich dass Aufmerksamkeit und Verpflichtung unabdingbar für die Praxis sind. Nicht richtig aufpassen auf die Teile, die das Ganze ausmachen, oder etwas ungenügend tun, ohne die korrekte Wachheit oder Anstrengung, führt zum Scheitern. Scheitern ist kein Unglück das vom Himmel fällt, sondern immer ein Ergebnis einer Unachtsamkeit, eines Abschweifens, einer Apathie oder Faulheit. Funakoshi erinnert uns, dass wir verantwortlich für unsere Taten sind und die Ergebnisse uns die Türen zum Wachstum und Verbessern öffnen. Entwicklung beginnt immer durch einen Fehler, weswegen der Krieger fällt und immer wieder aufsteht in der Gewißheit, seinen Fehler zu korrigieren, damit er sein Ziel erreichen kann.

8. Karate-Do wird nur im Dojo ausgeübt

„Do Jo" bedeutet wörtlich „Ort des Erwachens". Karate-Do ist kein Weg, um sich später auf der Strasse zu prügeln, sein Ziel ist vielmehr, nicht die anderen zu unterwerfen sondern sich selbst neu zu gestalten, das Erwecken einer Realität, in der Symbol und Wirklichkeit eins sind. Mit dieser Idee erinnert uns der Meister einmal mehr, dass wir unsere Kenntnisse und Fertigkeiten nicht falsch benutzen, sondern unsere Praxis einzig auf den heiligen Raum des Do Jo beschränken dürfen.

9. Karate-Do
eine Übung für ein ganzes Leben

Als spirituelle Übung ist das Karate-Do eine Kunst, die für immer Teil der Natur der Schüler sein wird. Beim Aufsagen dieses Satzes erneuerten die Schüler täglich ihre Verpflichtung, der Kunst den ihr gebührenden Raum zu geben. Durch die langen Übungen und langsamen Ergebnisse, benötigt Karate eine beständige Verpflichtung, um Ziele zu erreichen und den Schleier seiner Geheimnisse zu lüften. Daher wiederholt der Meister mit dieser Idee eine lebenslange Verpflichtung.

10. Problemlösung mittels des Geistes des Karate-Do

Einmal mehr verstehen wir durch diese Idee, dass das Karate-Do als Kunst den Bereich der bloßen Körperlichkeit oder Sportlichkeit durchstößt. Karate ist eine Art zu Leben, eine Weise, sich den Dingen zu stellen. Wenn Funakoshi uns dazu anhält Probleme im Geist des Karate-Do anzugehen, erinnert er uns, dass wir 24 Stunden am Tag Krieger sind, nicht nur in der Zeit, in der wir auf der Matte stehen. Auf diese Weise ist Karate-Do die Verbindung zu allen Geschehnissen im Leben des Neulings, und die Tugenden die dieser anbetet, sollten sich durch Selbstkontrolle, Verantwortung, Überwindung, Respekt und Verpflichtung auszeichnen.

11. Karate-Do ist wie kochendes Wasser

Wasser ist ein sich windender Grund und für die Tradition Nippons essentiell. Es gibt 200 verschiedene Bezeichnungen für den Begriff Wasser, je nach dessen Zustand und den Umständen. Wasser ist das Lebensprinzip und sein Wesen ist es, nach unten zu fließen, sich nicht zu widersetzen. Wenn Funakoshi das Wasser nennt, bezieht er sich auf dessen kochenden Zustand, den Zustand Holz, was sich wiederum auf die Fünf-Elemente-Theorie bezieht, die in Japan Go Kyo genannt wird. Holz zeichnet sich durch Willenskraft aus und das kochende Wasser wird dergestalt zum Gegensatz seiner Natur. Durch die Aktivierung steigt es an anstatt nieder zu fließen, es sucht seine Verdunstung. Die Aktivierung der Natur des Wasser geschieht durch das Feuer des Bewußtseins, welches durch die Anstrengung des Schülers ausbricht. Daher sollte der Anwender in einem fließenden und aktiven Zustand sein, immer bereit, auf einen Angriff zu antworten.

12. Kein Gedanke an Sieg oder Niederlage

Dieser Punkt hat sehr kontroverse und hat heftige Diskussionen darüber hervorgerufen, ob Karate als Wettkampfsport ausgeübt werden darf oder nicht. Meiner Meinung nach liegt das Wesentliche dieser Angelegenheit in der korrekten Einstellung des Anwenders. Legen wir die Zielsetzung auf das Äußerliche, so legen wir sie zweifelsfrei nicht auf das Innerliche. Doch diese Entscheidung ist eher ein Gemütszustand als ein definierter Akt. Für den Meister des Karate ist es vor allem ein innerer Weg. Als Weg der

Selbstüberwindung im Karate können die äußerlichen Erfolge nicht das Fundament sein. Daher ist der Gegner also nicht im Außen, sondern im Innern. Immer wenn wir dem Außen Aufmerksamkeit schenken, achten wir nicht auf den wahren Sinn des Seins dieser Kunst. Daher erinnert er uns: Achtung! Nicht da entlang! In diesem Sinne: Nicht mehr Öl ins Feuer gießen!

13. Angleichen der Einstellung auf die des Gegners

Man hat die vorgefaßten Meinungen im Leben zu meiden. Man muss flexibel sein, sich an die sich immer wandelnden Umstände anpassen können. Der Meister erinnert uns, dass wir es uns nicht zu gemütlich machen sollten. Die Ausübung der Kunst ist keine Anwendung von Etikette, sondern die Konsequenz der notwendigen Auswege, um beständig über unsere Grenzen hinweg zu fließen. „Jedem Stier seinen Stierkampf!", sagt der bekannte Spruch der Toreros, so dass diejenigen, die gegen verschiedene Gegner immer die gleiche Technik anwenden wollen, besiegt werden.

14. Die Geheimnis des Kampfes liegt in der Kunst, diesen zu steuern

Der Kampf, so sagt Sun Tsu, ist eine Gesamtheit mit augenscheinlicher Unordnung, doch der Experte versteht die versteckten Schlüssel zum Ordnen des Ganzen. Steuerung ist möglich, denn im anscheinenden Chaos liegt immer eine Ordnung und diese wird sogar von einem Zentrum aus gesteuert. Das Verständnis um das Zentrum der Spirale, welche seine Ränder sowohl in den Raum als auch in die Zeit erstreckt, ist der Meisterschlüssel, an welchen uns Funakoshi erinnert. Wir werden dazu angehalten, jene wesentlichen Rhythmen zu suchen, welche uns zum Herren des gegnerischen Rhythmus werden lassen, damit unser Gegenüber nach unserer Pfeife tanzt.

15. Hände und Füße sind wie Schwerter

Hier erneuert der Meister das Wissen, dass die natürlichsten, kräftigsten und mächtigsten Bewegungen die Spiralen sind. Einstein öffnete uns die Augen, als er die Behauptung aufstellte, dass die kürzeste Linie zwischen zwei Punkten niemals gerade sein kann. Die eigene Bestätigung unserer

Arme entsteht in der Phase des Embryos aus zwei Spiralen, welche die Kollision der Kräfte von Himmel und Erde zu sein scheinen, die den Embryo generieren. In der Polarisierung, die das Wachstum darstellt, schaffen diese Kräfte zwei Spiralenpaare von sieben Windungen, die Beine und Arme hervorbringen. Eine davon ist länger (Yin, die Beine), die andere kürzer (Yang, die Arme), und die Konzeption ermöglicht es, dass runde Bewegungen erleichtert werden. Daher resultiert auch die Krümmung des japanischen Schwertes, im Gegensatz zu den meisten geraden Schwertern des Westens. Das Verständnis der spiralartigen Prinzipien ist in das gemeine Volkswissen in Asien eingegangen und wird oft in Symbolen gezeigt. Der Meister erinnert uns an diese Idee, dass man im Einklang mit der Natur der Sache zu handeln hat, und nicht dagegen. Mit diesem Schlüssel öffnet er jedem Schüler eine Idee, auf die jeder bei seiner persönlichen Lehre achten sollte. Ein Schlüssel erinnert an mehr, als Ihr Meister Sie lehrt.

16. Beim Überschreiten der Türschwelle erwarten uns 10.000 Feinde

Einmal mehr betrachten wir die Idee der ständigen Aufmerksamkeit. Die Wachheit wird mit nichts besserem auf die Probe gestellt als herauszufinden, ob der Meister keine Tricks unterrichtet. Seid immer bereit! Haltet immer die Deckung oben! Die Vietnamesen pflegten zu rezitieren: „Wer das Schlimmste erwartet, der verliert nie die Initiative". Jawohl, so wird´s gemacht - aber bitte ohne Paranoia!

Ich weiß nicht weshalb, aber diese Regel ruft mir immer eine asiatische Weisheit in Erinnerung, die mir sehr gefällt: „Bewacht ein Tiger den Hohlweg, 10.000 Hirsche kommen nicht vorbei!".

17. Kamae ist die Regel für den Anfänger, danach kann man eine natürlichere Stellung einnehmen

Kamae! In Deckung sein, aufmerksam, wach, bereit zu reagieren. Die vorherige Regel im Auge behaltend, erinnert uns der Meister, dass das Training Graduierungen und Entwicklungen beinhaltet. Das Training ist wie ein Trichter durch den man zu gehen hat. Man streckt die eigene Natur und legt alles Unnötige ab, damit man später dahin zurückkehrt seiner Selbst zu sein, gewandelt durch die Erfahrung. Dies ist eine Form der Rückkehr zum Natürlichen, eine Hin- und Rückfahrt, bei der die Erinnerungen und Erfahrungen als Gepäck ungreifbar sind. An dieser Stelle möchte ich an den Spruch des Zen erinnern: „Vor dem Zen ist der Berg ein Berg, das Tal ein Tal, der Mond ein Mond. Während des Zen ist der Berg nicht mehr Berg, das Tal nicht mehr Tal und der Mond nicht mehr Mond. Nach dem Zen ist der Berg wieder Berg, das Tal ein Tal und der Mond ein Mond."

Nichts hat sich geändert! Aber alles ist anders geworden.

Kamae ist eine Einstellung, welche trainiert sein will und die Türen nicht zu dem Raum öffnet, in den man eintreten will. Es ist der Finger, der auf den Mond deutet, nicht der Mond selbst!

18. Katas müssen korrekt ausgeführt werden - im Freikampf passe sich die Bewegung den Umständen an

Erneut weist er uns an, flexibel aber streng zu sein. Die Kata sind die „Form", weshalb sie wesentlich sind und bis zur Perfektion geübt werden müssen. Hier gibt es keinen Widerspruch und auch gilt es nicht mit Bewegungen zu kämpfen, die in den Formen zur Anwendung kommen aber sonst nicht, so wie es moderne Meister immer wieder predigen. Funakoshi machte diesen Punkt klar. Zum einen sollte man sich der Einstellung der Asiaten gegenüber der Form an sich klar werden, zum anderen sollte man den ersten Punkt des Dojo Kun im Gedächtnis behalten. Die Absicht des Karate-Do ist es nicht, extreme Kämpfer oder Supermänner hervorzubringen, sondern vor allem Geist und Körper zu trainieren, durch das Training das Beste aus jedem herauszuholen und damit Positives für die Gesellschaft beizusteuern.

19. Drei Faktoren: Kraft, Reichweite und technisches Können

Funakoshi erinnert uns gegen einen Kollegen oder Gegner stets drei Faktoren im Sinn zu haben, um einschätzen zu können, wen wir vor uns haben und wer wir selbst sind. Die beiden ersten Faktoren beziehen sich auf das Körperliche und der dritte auf die Erfahrung und das Wissen.

20. Gedankliche Tiefe

Vielleicht könnte bis jetzt der Eindruck entstanden sein, dass die Schüler des Karate eher zum Handeln als zum Denken neigen. Doch wie man sehen kann, beendet der Meister seine Aufstellung mit einer klaren Anweisung zur geistigen Entwicklung seiner Schüler. In diesem Plan zur Wirklichkeit ist alles Geist - oder mit den Worten von Carlos Castaneda ausgedrückt, „die Welt ist eine Schilderung". Es ist kein Zufall, dass der Schüler des Karate-Do seine Fähigkeiten und sein Wissen entwickelt, um als Mensch zu wachsen, dabei die Wirklichkeit versteht und anhand der Erscheinungen nachdenkt und meditiert, um seine Lehre zu vervollständigen.

Funakoshis Ansichten sind immer noch lebendig

In dieser Analyse konnte man sehen, dass das Karate-Do des Gründers eine transzendente Kunst ist, die uns weit über das Symbolische hinausbringen kann. Ein Weg, der uns Türen und Fenster öffnen kann, damit wir verstehen und korrekt zu handeln lernen und selbst moralische Werte mit einbeziehen können. Es ist ein Weg des inneren Wachstums, der positiv ins Äußere ausstrahlt. Eine Formel für den Weg des Kriegers, die ein undenkbares Echo gefunden hat, zu einer Zeit, als der Meister die Jahrtausende alte Tradition des Ostens mit dem Verständnis und den einweihenden Formeln aus Nippon verband und so eine solch universale Formel erschuf, die alle Zeiten überdauerte, sich entwickelte und Tausende von Menschen in den letzten Jahrzehnten veränderte.

Auch wenn heutzutage seine Prinzipien des Dojo Kun ignoriert werden, ist deren Geist doch immer noch lebendig und findet sich teilweise in den verschiedenen Stilen als Transformation und Polarisierung der gleichen einweihenden Spirale wieder. Ein Fixpunkt, der einen Namen hat: Gichin Funakoshi. In diesem Sinne: Ach, Meister! Dass wir mit diesem kleinen Artikel Deine ewige Ehre und Anerkennung erneuern konnten! Auch wenn es so viele Schüler gibt, die denken, dass Du veraltet bist, wissen sie noch nicht, dass Klassiker ewig sein und niemals veralten können!

„Funakoshi war kein Mann vieler
Worte und er erklärte nur wenig.
Er war der Auffassung, dass das,
was man mit dem eigenen Körper
einmal erlernt hat, niemals
vergessen wird, wogegen das,
was man mit dem Kopf erlernt,
nur allzu leicht wieder vergessen
wird"

KAMPFKULTUREN

Es ist überraschend, wenn man denkt, dass es in den heutigen Zeiten nicht eine einzige „Kultur des Kampfes" gibt, sondern viele verschiedene Kampfkulturen, die kurioserweise in völliger Unwissenheit gegenüber den anderen vor sich hinexistieren.

In der Welt der Kampfkünste gibt es eine Vielzahl von Organisationsmodellen, insbesondere gibt es zwei, die absolut entgegengesetzt sind: das französische und das nordamerikanische Modell. Das erste ist das Erbe der Vision Napoleons von einem grossen, in die Gesellschaft eingreifenden Staat. Das zweite ist der Raum der Freiheit, in dem „alles gilt", was täglich zu sehen ist.

Wie bei allem Gegensätzlichen, ergänzen sich diese Modelle. Wenn Sie mit erlauben, weiter zu verallgemeinern, ist die Tugend jedoch in der Mitte zu finden, weit entfernt von den Extremen.

Ich bin ein grosser Bewunderer Napoleons, dieses grossartigen Generals, dieses kleinen Mannes mit einem Kopf, in dem ein ganzes Kaiserreich Platz hatte. Mehr Latino als Korse, wie seine chauvinistischen Bewunderer wahrhaben wollten, trug Napoleon die Französische Revolution bis zum Paroxysmus ihrer eigenen Widersprüche, und setzte dabei die Grundlagen des modernen Staates. Die „Nebeneffekte" sind in der Gesetzgebung der Französischen Republik immer noch zu spüren, bis hin auf die Strassenplanung von Paris mit den imposanten Alleen. Genügend breit, damit sie von der Artillerie verteidigt werden kann. Man vergesse nicht, dass er Artillerist war!

In Frankreich werden die MMA von den nationalen Verbänden organisiert und geleitet, und wer nicht einem Verband angehört, der existiert einfach nicht. Wer in Frankreich Unterricht geben will, muss eine staatliche Lehrprüfung ablegen – egal ob man in einem anderen Land der Grösste sein mag, sei es im „Japanischen Bogenschiessen" oder im „Zigeunermesser".

Das positive am französischen Modell ist, dass die Regierung mit ihrem Haushaltsbudget aktiv den Kampfsport unterstützt, beispielsweise mit der Bereitstellung von Sportmaterial. Es werden Wettkampfmannschaften auf höchstem Niveau zusammengestellt, die man sonst an keinem anderen Ort findet. Im Schatten dieser Verbände gibt es kleinste Gruppierungen mit grösserem oder kleinerem Sinn für sportliche oder kulturelle Angelegenheiten, doch sie haben es wahrhaftig nicht leicht. Die Kreativität stellt viele Stile, die ihren Platz in diesem Land finden möchten, immer wieder auf die Probe. Der französische Bürger weiss indessen, dass der Staat immer Garant und Polizist ist.

Dem gegenüber steht das nordamerikanische Modell, das ja kurioserweise in seinen Fundamenten und seiner Verfassung ein direkter Erbe der Französischen Revolution ist. Am Anfang standen eine Unzahl von Richtungsweisern, fast alles Freimaurer, die viel eher Montesquieu schätzten als Robespierre – ein Blick auf die Symbole und die Inschriften des Dollarscheines genügt!. Das nordamerikanische ist in modernes Demokratiemodell, in dem der Staat nur der Garant der Freiheit seiner Bürger ist, und so wenig wie möglich in deren Tätigkeiten einschreitet. Ohne Zweifel hat sich diese Einstellung deshalb so fest verankert, weil eine Grosszahl der „Pionierväter" vor der staatlichen oder religiösen Gerichtsbarkeit in Europa flohen und nicht bereit waren, das gleiche zu wiederholen. Diese Absicht erhielt in einer neuen Gerichtsbarkeit Form und Struktur. Heute noch werden in den Vereinigten Staaten Verhaltensweisen an den Tag gelegt, die die Bewohner auf der anderen Seite des Atlantiks überraschen. Im „alten Kontinent" denkt man, anhand der antike der eigenen Kultur urteilen zu können, was gut und was schlecht ist. Doch Alter, für sich alleine genommen, ist keine Garantie für irgend etwas. Wäre dem so, müssten wir das „Recht der ersten Nacht" oder eine andere wenig nützliche Traditionen wieder einführen...

Doch kehren wir zum nordamerikanischen Organisationsmodell zurück. Ein Modell, das in einem Satz zusammengefasst werden kann: „Organisieren Sie sich selbst". Hier gibt es keine öffentlichen Gelder für Verbände, sodass diese ihr eigenes Geld suchen müssen. Dies bringt die Abenteurer unter grossen Druck, und einige verlieren sich dadurch in der bekannten Einstellung, dass „alles einen Dollar wert ist".

So lange sie nicht gegen das Gesetz des Staates verstösst, und natürlich ihre Steuern bezahlt, kann in Nordamerika jede Organisation frei handeln. Ohne Zweifel unterstützt diese Formel die Handlungsfreiheit und die private Initiative, doch muss der Bürger lernen, sich gegen Fälscher und Betrüger aller Arten zu verteidigen.

Da es keine allgemeinen Massnahmen oder Empfehlungen gibt, werden in diesem System zwei Extreme geschaffen. Auf der einen Seite können bewundernswerte Persönlichkeiten wie Bruce Lee existieren und ihre Arbeit in Freiheit entwickeln. Auf der anderen Seite gibt es Individuen mit sehr zweifelhaften Kenntnissen und Fähigkeiten, die einfach ihre Zertifikate des „x-ten Dan" mit der Post und gegen Nachnahme verkaufen. Extravagante und unerhörte Stile schiessen da aus dem Boden (haben Sie schon mal vom Eskimo Karate gehört?).

Jede Medaille hat eben ihre Kehrseite! Und es ist offensichtlich, dass beide Seiten zusammengehören und sich in diesem von Europa so wenig verstandenen Umfeld entwickeln. In Europa mischen sich indessen heftige Kritik und grenzenlose Bewunderung.

Haben Sie sich einmal Bruce Lee vorgestellt, wie er versuchen müsste, eine Abteilung in einem Französischen Verband zu schaffen, damit er offiziell unterrichten darf?

Alles in der Welt hat seinen Grund. Das Problem liegt in der Unwissenheit der eigenen Wurzeln – und in der Geschichte Europas spielt der Nationalismus eine wichtige Rolle. Dies ist in unserer Zeit immer noch eine dunkle Seite, die wir möglicherweise seit dem neunzehnten Jahrhundert mit uns herumtragen.

Es gibt kein perfektes Modell. Die Einstellung, ein Modell bis auf den Tod zu verteidigen – wie ich es in einigen Fällen im Gespräch unter Fachmännern gesehen habe – ist der Beweis einer historischen Blindheit und eines überholten Chauvinismus. Wir alle sind Erben einer Vergangenheit, die uns formt. Unsere Aufgabe für die Gegenwart ist es, die Fehler und die Launen jeder Technik zu korrigieren, die diese ohne Zweifel von Beginn an aufweist.

Möglicherweise ist keines unserer Modelle perfekt und man müsste einen gesunden Mittelweg finden, damit ein neuer Bruce Lee kommen kann, um sein Geschöpf in einer stimulierenden, freien und großzügigen Umgebung gebären zu können; gleichzeitig sollten aber genügend Barrieren vorhanden sein, die es einem Unbekannten erschweren andere Menschen zu täuschen und zu betrügen - allerdings verdienen es manche ja vielleicht aufgrund ihres Leichtsinns und ihrer Benommenheit nicht anders - der in Lage ist, anderen Menschen glauben zu machen „Karate in zehn Tagen via Postwurfsendung erlernen zu können"... Glauben Sie mir: In dieser Welt gibt es viele Idioten!

Nordamerika würde gut daran tun, von den bewundernswerten sportlichen Erfolgen zu lernen, die in den großen Stilen in Ländern mit viel weniger Bevölkerung gefeiert werden, doch die in diesen Sportarten eine Teilnahmebereitschaft und ein Vervollkommnung erreicht haben, die außergewöhnlich ist. Z.B. sind US-Amerikaner durch das hohe technische Niveau der Betreuer und der Athleten in den Einrichtungen der Hochleistungszentren des Italienischen Karateverbandes überrascht. Gleiches gilt für das Taekwondo aus Spanien, das selbst die Koreaner vorführt, oder für das Französische Judo, das zu einem Massensport geworden ist, etc. Diese und andere Erfolge kann man nicht ignorieren.

Auf der anderen Seite hätten Phänomene wie Bruce Lee oder die Revolution Gracie nie in Europa stattfinden können. Würde Vale-Tudo, MMA und Free Fight von Europa abhängen, hätten sie immer noch nicht das Licht der Welt erblickt. Amerika ist ohne Zweifel der kreative Platz, der Schmelztiegel wo alles zusammenläuft. Man misst und maximiert sich.

Europa ist zu verschlossen und zu schnell bereit, Ausreißer zu verbieten. Dieses Vorgehen ist stark kastrierend und erdrückend für denjenigen, der etwas bewegen will. Er wird nicht nur nicht auf dem Photo erscheinen, sondern wenn er erwischt wird, wird er gar gekreuzigt.

Kampfkunst International, ist ein transnationales Medium und Fahnenträger einer neuen Vision, eines neuen Paradigmas, das beide Seiten des Atlantiks vereint und versucht, ein Treffpunkt der Liebhaber des Sektors zu sein - etwas das in jeder anderen Zeitschrift unmögliches ist. Wer uns durch kleinkarierte und überspitzte Kritiken anklagt, wer sich selbstverliebt als den Nabel der Welt betrachtet, sowohl auf der einen als auch auf der anderen Seite des Atlantiks, der glaubt noch immer, dass das Universum ein Kreis ist. Aber nein, meine Freunde! Für die modernen Krieger, für die, die dieses Phänomen sehen können, für diese Zeitschrift, ist unser Universum viel mehr als nur eine Sphäre.

DIE STILLE

„Wenn die Verringerung ständig wirkt, wird sie sicherlich eine Mehrung
bewirken".
I Jing (Das Buch der Wandlungen)

Wir leben eingehüllt von Hintergrundlärm. Es ist ein allgegenwärtiger Klang, der sich immer mehr verstärkt, so dass er im Orchester schon oft die Rolle des Solisten übernimmt, und uns gar unser eigenes Lied vergessen lässt.

In der Symphonie des Lebens singen wir alle einen ganz besonderen Klang. Es ist stricto sensu ein Familiengesang, verfeinert durch die menschlichen Schwingungen und die des Planeten in unserer Zeit. Und diese unsere Zeit, meine Brüder, ist die der zunehmenden Geschwindigkeit. Die gesteigerten Schwingungen drehen auf höchster Energieebene, und unser ganzes Universum ist schwingend. Was wir davon wahrnehmen, ist lediglich eine Darstellung unserer Sinne, die durch unseren „Zentralrechner" gesteuert werden.

In der tragischen Verwüstung, welche der Tsunami, der am 26. Dezember 2004 die Küsten Südostasiens zerstörte, hinterlassen hat, mussten die Wissenschaftler mit grossem Erstaunen feststellen, dass es im Chaos doch viel Ordnung gab. Mit grosser Erleichterung konnte auch eine schwere Vergiftung der Gewässer vermieden werden.

Unter den Wildtieren in den geschützten Naturgebieten waren erstaunlicherweise fast keine Ausfälle zu registrieren. Was veranlasste diese Tiere, sich am richtigen Moment in Sicherheit zu bringen? Dies ist nicht der einzige Fall, der eine enge Verbindung der Tierwelt mit der Natur bestätigt – eine Verbindung, die nicht durch einen erzogenen Geist bestimmt wird, wie es bei uns Menschen der Fall ist. Es handelt sich eher um eine Symbiose, die von einem beständigen und untrennbaren Austausch gekennzeichnet ist. Ohne Zweifel hatten auch wir einmal diese Verbindung, doch haben wir sie mit der Zeit zugunsten anderer Dinge verloren. Diese Einigkeit mit der Natur, die wir „angeborene Instinkte" nennen, ist ein „Überbleibsel" jenes Hintergrundgeräusches, welches zu unserer Welt gehört. Es ist die geistige Stille der Tiere, welche es ihnen ermöglicht, das „Lied des Planeten" zu hören, und gemäss der Lakota-Indianer ist das schwierigste Lied von allen das „Lied vom Stein".

Das Beruhigen des Geistes ist für den Menschen eine schwierige Aufgabe. Wer dies beständig schafft, erreicht einen gewaltigen Sprung auf der Bewusstseinsebene und erhält einen neuen Referenzpunkt um sich der Welt stellen zu können – mit Ruhe und Gelassenheit. Alle Wege der Einweihung gehen, in ihrem Verlauf zum wahren Wissen, durch dieses Stadium. Das Anhalten der Welt, das Aufhalten des unaufhörlichen Flusses unserer Gedanken, mag vielleicht einfach erscheinen. Es würde genügen, „nichts zu tun", doch unsere Erziehung lässt das nicht zu. Kann man sich jedoch korrigieren, und wenn man die richtige Methode gefunden hat, kann man durch effiziente Abläufe alles reinigen.

Wir haben erlernt, dass die Kampfkünste vom ersten Tag an unseren Körper durch einige Parameter steuern, d.h. grundlegende und untergeordnete Abläufe, welche in der Anfangsbewegung aufgehen, so als würden wir den Urknall wiederholen. Wie einfach wäre es, wenn wir unseren Schülern verständlich machen könnten, dass wenn jemand durch einen Schlag Kraft ausübt, man selbst völlig die antagonistischen Muskeln entspannen muss, und dass die Kraft aus der geordneten Kombination des gesamten Körpers erwirkt wird. Durch die gezielte Abstützung in eine Position, in der man sich nur einen Augenblick entspannen kann, wird man alle Kraft in die letzte, ausgehende Bewegung zu legen. Doch wir alle neigen dazu, uns zu verspannen und alle Muskelgruppen anzuspannen, wodurch wir schnell ermüden. Die beständigen Wiederholungen, die in fast jedem Stil so wichtig sind, lassen uns verstehen, wie die Handlung weitergehen soll (man verzichte auf Kraft!) und dass die Muskeln viel effizienter arbeiten können, wenn sie teilweise ausschaltet und die Energie nur auf wenigen andere konzentriert. Dann werden die Nervenverbindungen neue Wege finden, effizienter zu arbeiten und langsamer zu ermüden, wenn sie unseren Befehlen folgen. Wenn man das so anschaut, scheint es kein sonderlich intelligentes Lernsystem. Oder doch? Was sicher ist: Wenn es gut eingesetzt wird, ist es extrem wirksam.

Wer selbst mal erfahren hat, was das sogenannte „Anfängerglück" ist, der weiss, dass ein Mensch, der zum ersten Mal ein irisches Pub betritt, einige Pints zu sich genommen hat und zum Dart eingeladen wird, die Zielscheibe aufs Beste treffen kann. Uauhhh! Glück? Ich glaube nicht an Glück. Ich denke, dass unser Körper mehr weiss, als wir ihm zugestehen. Oder anders ausgedrückt, mehr als unser Geist ihm zugestehen würde. Wenn der Geist einmal ruhig ist, so ist er in der Lage, unglaubliche Heldentaten zu vollbringen, welche wir natürlich nicht mehr wiederholen können, sobald sich der Geist einschaltet.

Die ruhe des Geistes beinhaltet die Leere der Absicht. Die schwierige Einfachheit des Natürlichen kommt nur auf diese Weise vor. Dies ist eine kurioser Paradox, kann man diese Einfachheit doch nicht bewusst aufsuchen. Anfänger müssen sich deshalb auf die Technik konzentrieren. Dies ist vor allem ein Trick des wahren Meisters, um dem Geist des Schülers die Möglichkeit zu geben, die Leere zu entdecken, aus der alle Dinge hervorgehen. Der Schüler soll die Bewegungen nicht mechanisch vollbringen, sondern sie im Hier und Jetzt mit voller Hingabe ausführen. Wenn man das Seil des Geistes spannt, kann man in jedem Moment ein Wunder vollbringen, oder mit den Worten des Meisters Awa, vollbringen, „das Etwas schiesst".

Der aufmerksame Leser erkennt, dass dieser Prozess im Grunde dem System sehr ähnelt, das wir zur körperlichen Ausbildung benutzen. Tonnen von Einsatz – um zu entdecken, dass das Geheimnis viel näher bei uns, ist als wir glauben, und dass man sich eigentlich gar nicht so sehr anzustrengen hätte. Doch wer nicht ermüdet, sich anzustrengen, der wird die Natürlichkeit erlangen und jedes Zweifels erhaben sein.

Natürlich sind diese Ideen ziemlich komplex. Sie verlangen eine unglaubliche Anstrengung und Hingabe, sowie eine grosse Sensibilität seitens des Ausübenden. Das ist nicht für jeden gedacht, auch wenn es jeder ausüben könnte, auch nur, um zu lernen, sich vom Gesang der Sirenen nicht ablenken zu lassen. Doch Tatsache ist, dass unsere Befehle und die beschleunigte Zeit, in der wir leben, ein mechanisches Erlernen fördern, dass uns zu Maschinen werden lässt – homo est maquina. Das ist die Effizienz des unmittelbaren Konsums. Einige überzogene Leitlinien, um so etwas „unnützliches" zu erlernen, wie das Aufhalten des unermüdlichen Gedankenstromes und dessen sich täuschenden Dahinrennens...

Reduzieren wir die Ausübung der Kampfkünste auf reine Technik und vernachlässigen dabei andere, feinere Aspekte, so verlieren wir ohne Frage den Löwenanteil der Sache. Wir verneinen somit diese gegenwärtige und gleichzeitig ausweichende Angelegenheit und deren Wege der ewigen Realisierung. Diese Stimme die uns beständig ruft und leise auf unsere laute Existenz aufmerksam macht.

Das Bewusstsein, dass das Mysteriöse in Grossbuchstaben geschrieben wird, lässt uns vor den Momenten unseres Lebens ducken. Dies könnte aber auch ein erster Schritt zum Weg des Wissens sein. Hin zum Verständnis, dass die Stille unsere einzige und einzigartige Melodie im

Einklang mit Himmel und Erde geben kann, wodurch man das grosse Geheimnis lüftet.

„Wir haben erlernt, dass die Kampfkünste vom ersten Tag an unseren Körper durch einige Parameter steuern, d.h. grundlegende und untergeordnete Abläufe, welche in der Anfangsbewegung aufgehen, so als würden wir den Urknall wiederholen"

SEX UND GEWALT

Während ich diese Zeilen schreibe, stelle ich mir Sie, lieber Leser, vor. Ich sehe Sie, wie Sie sich über diese Absätze stürzen, die sich um das Natürlichste aller Neugierde drehen. Selbst jene, die ansonsten den Leitartikel nicht beachten, werden durch die magische Anziehungskraft dieser beiden Worte aufmerksam und so werden Sie mich zum ersten Mal (ich hoffe nicht zum letzten Mal!) ein wenig bei diesem Abenteuer bis zum Ende begleiten, in diesem Raum der Betrachtung, den ich mit so großer Freude mit Ihnen teile.

Sex und Gewalt sind wahrlich zwei starke Kräfte, die oft Hand in Hand zu gehen pflegen. Jede Kultur könnte darüber definiert werden, wie sie mit diesen beiden Angelegenheiten umgeht, wie sie diese lenkt, organisiert oder auf sublime Weise in ihre Verhaltensregeln mit aufnimmt.

Niemand dürfte sich darüber wundern, wenn ich mich zum Beginn dieses Essays an die Klassiker Griechenlands und Roms wende, sowie deren mythologischen Definitionen dieser beiden Prinzipien. Ohne Zweifel repräsentiert der Mars die Gewalt und die Venus die Sexualität. Selbst heute noch verwendet man diese beiden Symbole um das Geschlecht von Mann und Frau auszudrücken (urteilen sie, wer wer ist!), und nicht wenige Bücher beschäftigen sich mit dem Thema, diese Analogien benutzend.

Mars - wie ich schon früher geschrieben habe - ist ein Gott, der aus dem männlichen Prinzip heraus geboren wird, was eine kuriose Paradoxie ist, ist es doch genau das, was er repräsentiert. Das Prinzip des Mars ist ungestüm und reflektiert nicht, sondern vertritt Handlung, Gewalttätigkeit, überzogene Größe und Stolz. Laut den Astrologen ist seine Aufgabe die Verteidigung der Sonne, dem essentiellen Ich der äußeren Angriffe, die das Leben selbst mit sich bringt. Gewalt als opportune Verteidigung wird von der Mehrzahl aller Kulturen akzeptiert. Seine Funktion ist es, Individuen mit einer Fähigkeit zu dotieren, um auf Aggressionen auf das eigene Territoriums zu reagieren oder zumindest auf das, was unser Gehirn als sein eigenes Gebiet bestimmt.

Für Sun Tsu war das Territorium die Grundlage des Staates, und dies, obwohl zu viele westliche Gesetzgebungen dem gesunden Menschenverstand (auch biologische Gesetze genannt) andere Gesetze geschaffen haben, die uns leicht ins Gefängnis bringen können (weil man jenen Typen verletzte oder tötete, der in unser Haus mit gierigen Vorsätzen eindrang und noch nicht einmal eingeladen war...). Ich bin mir sicher, dass die Mehrzahl von Ihnen das Recht auf Selbstverteidigung als etwas

Unbestreitbares ansieht. Doch lassen wir die generelle Verweichlichung unserer Gesellschaft beiseite und beurteilen selbst die Angelegenheit (etwas, das viel mehr Stoff hergeben würde als für ein Editorial!). Gewalt hat nicht nur defensive Funktion, sondern sie stattet uns auch mit der Fähigkeit aus, unsere Zielsetzungen zu erreichen und unsere Bedürfnisse zu decken. „Die Möglichkeit des Sieges besteht im Angriff", bestätigt auch Sun Tsu. Ohne diese heute so verteufelte Gewalt hätten uns Menschen die Läuse gefressen, oder jedes andere Viechzeug, das damals auf dem Planeten kräuchte, uns beobachtete und sich das Maul einspeichelte, uns dabei als ihr Abendessen betrachtend. Und all dies, ohne die „Freunde" der eigenen Spezi zu nennen...

Diese Mode, Gewalt als etwas schlechtes zu sehen, ist nur ein weiteres Zeichen für die Altersschwäche unserer modernen Gesellschaft, in der die Naturprinzipien menschlichen Gesetzen zu weichen hatten, mit guten bis hin zu absurden Absichten. Nein, ich denke nicht, dass diese Sache eine schlechte Idee war; die Angelegenheit zu regeln war wesentlich, damit unser Leben auf zivilisiertem Weg weiter gehen konnte, doch mich stört dieses „Allesgutdenken" und die Ausuferung der Dummheit, mit der die sozialen Sprachführer die Massen dazu anhalten, alles was nach Gewalt riecht als einen Krebs anzusehen, der ausgerottet werden muss. Meine Damen und Herren: Es gibt keine Medaille ohne zwei Seiten! Das Verneinen von Gewalt ist die beste Art und Weise, uns als Kollektiv zu kastrieren. Gewalt ist ein Naturinstinkt, und seitdem der Mensch Mensch ist, hat er einfach mit ihr leben müssen (und konnte dank ihr überleben!). Er stellte sie in den Dienst der Gattung, der Gruppe oder des Einzelnen und der zu erreichenden Ziele. Die Kampfkünste sind eine bewundernswerte Form, auf zivile Weise ein unbestreitbares Ganzes zu kanalisieren, dabei eine immer noch nützliche Kraft neu ausrichtend, die immer noch grundlegend und fundamental für jeden von uns ist.

Beobachtet man die wesentlichen Funktionen der Gewalt versteht man, dass wir durch sie zum einen überleben und ein Territorium in Anspruch nehmen, uns mit dem Nötigsten versorgen konnten, mit Nahrung, Wasser und die direkteste ihrer Funktionen ist die Erleichterung unserer Fortpflanzung, der Fortbestand unserer Gattung: Hier ist es, wo die Kraft der Venus ihren theatralischen Einstieg erhält, voller Zauber und dem Versprechen von Lust und Entzücken.

Möglicherweise verhielten sich unsere Vorfahren eher wie ihre Vettern, die restlichen Säugetiere, sich unter den Männern messend, um das Vorrecht der Begattung der Weibchen zu erhalten. Jenes Vorrecht überlebte in Europa mit der berüchtigten „Ersten Nacht" der Feudalherren bis ins Mittelalter, und auf die ein oder andere Art kann man auch in unseren Tagen noch einige Überbleibsel dieser Gewohnheit finden.

Der Geschlechtsakt an sich ist voller Symbolik und gewalttätiger Bestandteile: Wir „fressen" unsere(n) Liebste(n) auf, wir atmen ihn/sie, penetrieren das körperliche Territorium des anderen, wir unterwerfen uns, erdrücken, etc. pp. Und was sagen Sie zu dem Stöhnen und den Schreien der leidenschaftlichsten Verfechter der liebenden Kunst? Es hört sich ähnlich dem Grunzen eines Kampfes an. Selbst in unserer modernen und zivilisierten Welt hat der Geschlechtsakt immer noch alle Komponenten des Mars, um hier nicht über den Fetischismus zu sprechen...

Sex ist das Versprechen von Wohlgefallen, mit dem uns die Natur vergewaltigt, um ihre Pläne des Erhalt des Fortbestandes durchzusetzen. Venus, die Göttin der Liebe, die aus dem Sperma des Uranus geboren wurde, als sein Sohn Uranus ihn kastrierte, hat mit den Furien sehr gewalttätige Schwestern. Ein Teil des Spermas des Uranus (der ursprünglichste Gott der Himmel, der jede Nacht die Göttin Erde als die Mutter des Saturn vergewaltigte) fiel in den Schaum des Meeres, wo Venus geboren wurde, doch ein Teil seines Spermas fiel auch auf die Erde, wo die drei Furien geboren wurden. So ist Venus eine Polarisierung der Wesenskraft der Himmel, sie trug den Teil des Löwen mit sich, während ihre Schwestern nicht zu den attraktivsten Göttinnen zählen. Venus ist der Antrieb, das Versprechen des Erreichens, das süße Geschenk der Lust, die Einheit von Schmerz und seinem anderen Gesicht, dem vollen Genuß und der Verführung, sie ist das okkulte Gesicht des Mars, mysteriös wie seine höhere Oktave, dem ebenfalls zum Wasser gehörenden Neptun. Venus tröstet und belohnt das von Mars erreichte, und Zuckerbrot und Peitsche sind die natürlichen Drogen für Könige und Tributzahler, Reiche und Arme, Große und Kleine.

Sex und Gewalt erscheinen in allen Märchen und Mythologien, sie sind untrennbar miteinander verbunden und finden sich alltäglich in unserem Leben wieder. Das Verständnis um ihre Natur ist wesentlicher Teil der menschlichen Ausbildung und Erziehung, und wer diese Macht ignoriert, der gibt sie in andere Hände, die dann damit Politik betreiben. Religionen, Kulturen und Regierungen versuchten schon immer (mit außergewöhnlichem Erfolg...) das menschliche Denken hinsichtlich dieser beiden Angelegenheiten zu reorganisieren, sich dabei bewusst, welche Macht diese Themen haben. Der Krieger - als Herausforderer seiner eigenen Ignoranz - sollte diesen beiden Dingen all seine Aufmerksamkeit schenken, sie als erstrangige Aufgaben sehen und sie mit Aufrichtigkeit behandeln, und alle Künstler und Mächte sollten durch ihre Gefühle und Erfahrungen dort machen, wo das Maß am höchsten ist und die Notwendigkeit geringer wird.

Gewalt und Sex: Ich weiß, wie immer ist mein Diskurs sehr generell, dem es nicht gefällt, allzu sehr ins Detail zu gehen. Aus Platzgründen? Oder diesmal, weil dies mein Privileg ist? Verdammt noch mal! Auf dass jeder seinen eigenen Weg suche! Doch wer mich um Rat, um meine Meinung oder eine Formel fragt, die in diesen Angelegenheiten funktioniert – ich weiß wirklich nicht, was ich Ihnen sagen soll... Jede Formel, solange sie nicht paradox ist, ist unvollständig, ist teilweise und provoziert das, was man vermeiden will. Man entferne diesen Kelch von mir! Doch um aus der Trance herauszukommen, könnte man es auf pragmatische Weise auf einen einfachen Satz reduzieren: „Tue nicht was Du nicht willst das man dir nicht tut"... natürlich mit der Ausnahme, dass man es von uns verlangt...

„Sex ist das Versprechen von Wohlgefallen, mit dem uns die Natur vergewaltigt, um ihre Pläne des Erhalt des Fortbestandes durchzusetzen"

DER WEG DES MORIHEI
Eine interne Reise
des genialen Erschaffers des Aikido

Wer die Texte von Ueshiba liest, der fühlt wie hinter ihnen eine spirituelle Kraft erscheint, welche möglicherweise nicht alle Kampfkünstler adäquat zu schätzen wissen. Die Mystiker wegen exzessiver Frömmlerei und Prosodie, die Anhimmler wegen Defekten. Tatsache ist, daß dieser Aspekt des Großmeisters Morihei Ueshiba ein geteiltes Echo unter seinen Nachfolgern hinterließ.

Ueshiba hatte ein stürmisches Leben, um es einmal sanft auszudrücken, und sein Leben ist voller außergewöhnlicher Episoden und Beziehungen. Ueshiba war kein gewöhnlicher Mensch, und wie jedes Genie hatte auch er einen Charakter voller Schwächen. Doch genau dies war es - geeint mit seiner Anstrengung diese Schwächen und sich selbst zu überwinden und einen inneren Frieden zu erreichen – was Ihn eine so besondere und eigentümliche Formulierung des Kampfes konstruieren ließ.

Doch die Entdeckungen Ueshibas finden sich nicht so sehr in seinen Formen, ohne Zweifel sehr reich an traditioneller kriegerischer Tradition, welche von vielen Experten eingehend studiert wurden (Takeda, etc...). Lernen auch Sie seine Annäherung an das Konzept der aufeinandertreffenden Kräfte und seine Suche nach einer befriedigenden Antwort - beides im Einklang mit der Ordnung des Universums - kennen.

Das „Budo der Liebe".
Seine Vorgänger und ähnliche Philosophien

Man sagt, daß Ueshiba in seiner Jugend ein sehr ungestümer Mensch war und seine ersten technischen Ansichten unterschieden sich nicht allzu sehr von den alten japanischen Schulen. Der Sprung der den Unterschied ausmachen sollte, ist möglicherweise auf einen Wandel nach seiner Reise nach China und seinem Treffen mit Omoto zu finden. Viele woll(t)en jene Reise als Wandlung durch den Kontakt mit lokalen Meistern bestätigt sehen, doch ich gebe dieser Möglichkeit geringe Chancen. Die Japaner, trotz ihrer Bewunderung für die Kultur Chinas, waren keine allzu großen Freunde von, sagen wir mal, Vermischungen. Am logischsten dürfte es sein, daß seine Wandlung durch persönliche Erfahrungen auf jener Reise zustande kam, die eine Krise der Werte hervorrief, welche schließlich zum Aikido führte.

Es wäre nicht der erste Fall in der Geschichte, daß ein Meister des Kampfes sich in einen Mann des Wissens wandelte. Miyamoto Musahi war selbstverständlich auch einer davon, doch später sind jene Fälle häufiger als es scheint. Der Ekel und das Fernhalten der Gewalt nach einem Leben voller Kämpfe, geht mit einem spirituellen Erwachen einher, ein Satori in dem das Subjekt eine unsichtbare Einheit zwischen allen Dingen und den sie regierenden Gesetzen wahrnimmt.

Die hauptsächliche philosophische Charakteristik von Ueshiba ist die Obenanstellung des Prinzips der Vereinigung über das Prinzip der Teilung. Ueshiba nannte sein Budo „das liebende Budo", doch sollte dies nicht lieblich und simpel verstanden sein. Die Liebe ist die Kraft, das universale Prinzip der Anziehung und in seinem Extrem, die Verschmelzung der polaren Kräfte, während der Krieg das Prinzip der Abstoßung ist, nicht in abweisendem Sinn, Langeweile oder Antipathie (und das natürlich auch!), sondern sogar in seiner einfachsten körperlichen Form: die Abstoßung zweier gleichgeladener Pole verhindert nicht nur deren Verschmelzung sondern treibt gar noch deren Trennung voran.

Die beiden entgegengesetzten und sich ergänzenden Prinzipien finden sich in der traditionellen Kultur, im Animismus und der Philosophie des Fernen Ostens, untrennbar für die intellektuelle Ausbildung jedes Meisters jener Epoche. Yin und Yang, auf Japanisch In Yo, manifestieren diese Realität durch die Dualität. Das Prinzip der Vereinigung wurde eingeführt (oder wiederentdeckt, beziehe sich jemand auf die zahlreichen Verzweigungen des Taoismus) durch zahlreiche Personen mit großem intellektuellen Einfluss in jenen Jahren und an Orten an denen Ueshiba lebte und seine Entdeckungen des Budo machte. Selbstverständlich zählt Nyoti Sakurazawa Oshawa, der Begründer der Makrobiotik, zu einem der größten, ein Mann, der Beziehungen zwischen den Kraftpolen etablierte in einer Philosophie, bei der ich befürchte, daß sie wie die von Ueshiba nur von wenigen verstanden wurde.

Ueshiba bspw. verheimlichte nie seine Beziehungen zu der Sekte Omoto, eine Gruppierung mit esoterischen Ideen, die sich am Animismus und dem Shinto Japans anlehnten. Bei jenem Glauben und dessen Ausübung sind beide Prinzipien und Konzepte ständig in Form von Zauberwesen, Dämonen und Naturkräften anwesend. Diese Beziehung erklärt aber nicht, wie Ueshiba seine Entdeckungen machte, doch es hilft zu verstehen, daß man den Meister im jenem Umfeld und in seiner Zeit zu sehen hat, um Herkunft und Zwischenbeziehungen werten zu können, welche eine schnelle Akzeptanz und Verbreitung wie die seine in jenen Jahren ermöglichte.

Das Prinzip der Vereinigung findet sich in der Chinesischen Literatur vor allem in den Texten des Taoismus des Lao Tse und Chuna Tzu, zwei echte Genies, wußten sie doch Naturprinzipien zu etablieren. In ihnen findet sich ein Kult um das Wasser als Symbol der unendlichen Anpassungsfähigkeit, dem beständigen Wandel, und das Aikido hat dieses Bild kräftig aufgenommen. Die Natur als erste und letzte Wahrheit, als einziger unfehlbarer und vertrauenswürdiger Meister, ein weiteres Bild, das Ueshiba mit Häufigkeit wiederholte. Doch der Taoismus steuert mehr als alles andere die Idee der Einheit bei, das AI, Einheit, ein Bild, das den Text von O Sensei ziert.

Das Prinzip der Vereinigung des „Uni-versus"

Für Ueshiba ist das Prinzip der Vereinigung die größte aller Strategien, veranschaulicht sie doch den Unterschied durch Integration. Doch wie kann man solches auf den Kampf anwenden? Etwas, das so wesentlich durch die teilende, abstoßende Kraft gekennzeichnet ist, den Krieg?

Kano etablierte das Prinzip der Flexibilität, der Weichheit, als er bei seinem Rückzug ins Kloster von Nanzenji die Bambusblätter sah, wie sie unter dem Gewicht des Schnees nachgaben. Das Überdauern durch Flexibilität leitete Kano zu der Formel: **„Stößt man dich, gib nach. Zieht man dich, gehe nach vorn"**. Ein Konzept, das Ueshiba bis zur letzten Konsequenz entwickelte: **„Stößt man dich, gib nach und lasse ihn um dich herum kreisen"**.

In der Praxis des Aikido von Ueshiba stand die Adaption des Prinzips der Vereinigung gegen das der Abstoßung. Die Atemis wurden nicht eliminiert, doch deren Einsatz ist nicht so sehr der direkte Angriff selbst und sie wurden minimiert. Der Gegner schlug häufig gegen die Faust auf, anstatt daß die Faust ihn getroffen hatte...jeder Schritt war die natürliche Konsequenz von Tonus und Intensität des gegnerischen Angriffs, eine ständige Anpassung an seine Formen, welche alle seine Kraft ausnutzten, doch um sie aus einem Zentrum heraus zu steuern, das nicht nur geometrisch sondern auch energetisch war.

Das Verbinden des eigenen Zentrums mit der Erde ist nicht nur eine simple Übung der Vorstellungskraft. Viele Stile arbeiten mit dieser Idee, doch ohne Zweifel war Ueshiba in der Lage, diese umzusetzen. Tori muß im Aikido in der Lage sein, den Gegner um unser Zentrum spiralförmig drehen zu lassen. Daher ist die größte Standhaftigkeit des eigenen Zentrums von größter Bedeutung. Deswegen bestimmte er:

„Mach aus deinem Herzen das Herz des eigenen Universums".

Das Uni-verus, wörtlich „**Das Eine in Bewegung**", scheint ein Konzept zu sein, das untrennbar mit der Vorstellungswelt Ueshibas einhergeht.

„**Budo ist ein Weg des Herzens**" sagt der Klassiker „**Budo No Kokoro**". Es ist die Identifizierung mit dem Prinzip des Einzigartigen, eine nicht übertragbare Erfahrung, was es dem Krieger ermöglicht sich augenblicklich in das Zentrum zu verwandeln, sich von sich selbst leerend, von Gefühl und Absicht.

Doch Ueshiba weist die Mystiker an:

„**Man denke nicht, daß das Göttliche über uns ist. Es ist hier, in uns und um uns herum. Das Ziel des Aikido ist es uns daran zu erinnern, daß wir in einem Zustand der Güte und Anmut sind**".

Güte entsteht durch die interne Realisierung der letzten Wahrheit, dem Prinzip der Einfaltigkeit. Man gelangt dort nicht durch Techniken hin, so wie es einige sich wünschen würden, sondern die korrekten Techniken sind das Ergebnis der Verwirklichung. Der eingeweihte, so wie er im Plan des Bewußtseins aufsteigt, realisiert die Einfaltigkeit und kann daher nicht sich selbst angreifen und sich auch nicht selbst besiegen.

Für Ueshiba wird dies bis zu den maximalen Konsequenzen getrieben:

„**Im wahren Budo gibt es keine Gegner. Im wahren Budo versuchen wir Eins mit allen Dingen zu sein, zum Herz der Schöpfung zurückzukehren**".

Das Wissen in Ueshiba entsteht durch die direkte Verständnis um die Gesetze, die, auch wenn sie dem Auge des Laien verborgen sind, sich ständig vor unseren Augen befinden.

Die Teilung dieser Prinzipien in spezifische Techniken ist nicht der wahre Grund vom Aikido zu sein, so wie es der Gründer schuf, es ist viel mehr so, daß die Mehrzahl seiner Schüler nicht in der Lage sind, diese simple Frage zu erkennen. Diese Auflösung hat den Erfolg der Kunst des O Sensei auf eine Weise begründet, (etwas furchtsames, immer dann, wenn die Konzepte dahinter auftauchen), daß das Aikido in den letzten Jahrzehnten auf exponentielle Weise Anhänger gewonnen hat.

Spaltung und Einigung
- ein Synchronsprung,
ein Bewusstseinssprung der Menschheit

Erneut Ueshiba lesend glaube ich nicht, daß jener ein Mystiker war. Er war eher ein Mann der ruhigen Tat, sicherlich mit einem großen inneren

Sturm, eine Begierde nach der Wahrheit und einem Wissen, wie es nur wenig vergleichbar ist. Das Aikido entstand durch seine eigene Reise ins Innere, es war nicht das Ergebnis seines Trainings, sondern die Gestaltung einer persönlichen Eroberung einer inneren Entdeckung und, im Gegensatz zu den Visionären, Propheten und Weisen, entsprang dies nicht einer göttlichen Erscheinung, denn die Idee eines personifizierten Gottes gibt es in der asiatischen Kultur nicht. Es ist das einzigartige Prinzip, die Einheit, daß alle existierenden Dinge die in jedem Augenblick entstehen können, aus dem Nichts stammen und jenen Raum einnehmen können.

Das vereinigende Konzept der Kampfkünste und der vieler anderer Aktivitäten des menschlichen Wesens ist ähnlich der der ersten Atomexplosion. Die Kernspaltung erscheint synchronisch zum Konzept der universalen Verschmelzung. Wie ein Spiel des Yin und Yang ist dies kein Zufall, daß es an jenem Ort, an dem es zum ersten Mal zu diesem Vorfall kam, Menschen wie Ueshiba zu finden sind, welche uns bewundernswerte Beispiele für den Sprung auf der Bewußtseinsebene des Planeten geben.

Ueshiba war, wie wir alle, ein Kind seiner Zeit und seiner Natur, doch sein Erbe, die Quintessenz seiner Erfahrung, hat er transzendiert und erweckt weiterhin Lichter in vielen Menschen, und dies viele Jahre nach seinem Tod. Eine Entdeckung, eine Eroberung welche ihn ohne Zweifel zu einem der größten Kampfkünstler aller Zeiten machte.

EINHEIT
DIE KAMPFKÜNSTE
MIT EINEM ZIEL

"Wenn wir den Gegner zu unserem Ziel machen,
werden wir selbst zum Gegner„.

Alles ist Eins und alles zeigt sich differenziert, so lautet das erste Gesetz des Universums. Das Prinzip der Einheit ist der Philosophie und der Kultur der Kampfkünste nicht fremd, doch deren Umsetzung und Anwendung ist sogar in unserer heutigen Zeit noch ein Traum.

Tut man alle unterschiedlichen Kampfkünste zusammen, so bildet sich eine Gruppe titanischen Ausmasses. Sind sie jedoch getrennt, so konkurrieren gar die grössten Verbände nur schlecht mit den anderen menschlichen Tätigkeiten. Auf der anderen Seite schafft man durch die Differenzierung einen grossen Reichtum an Inhalten und Formen. Heute, wo die Walze der Globalisierung und der Monokultur alles überrollt und dabei selbst Kleinigkeiten gleich macht, kann man in unserem Gremium feststellen, dass kein Jahr vergeht, in dem nicht neue Stile erblühen, seien es traditionelle oder neue. Dies ist sicher eine gute Sache.

Die Kampfkünste sind lebendig. Sie stimulieren, sie tauschen sich aus, sie regenerieren sich, sie kombinieren sich miteinander und unterscheiden sich voreinander. Selbst die Konkurrenz zwischen den Stilen ist immer noch eine gesunde Sache – wenn wir im Auge behalten, dass wir alle im selben Boot sitzen und dass die Entwicklung unseres Stiles nicht vom Anderen abhängt, sondern von uns selbst. Und zwar durch ein adäquates, ehrliches und großzügiges Auftreten. Wer jedoch aus dem Gegner sein Ziel macht, der wird sich selbst zum Feind.

Glücklicherweise gibt es immer weniger Leute die das tun, doch noch gibt es immer noch einige rückständige Menschen, welche die alte Politik des Angriffes auf andere Stile betreiben, um den Kollegen das Leben so schwer wie möglich zu machen. Diese dumme Einstellung ist wie Brandstiftung im eigenen Haus. Diese Leute flüchten sich dann in ihrer kleinen Geisteswelt in alte, leere und wertlose Ansichten. Natürlich trainieren diese Individuen nicht einmal, durch ihre Institutionalisierung sitzen sie ihre dicken Hintern platt und setzen ihre gesamte Energie ein, nur um sich an der Spitze ihres kleinen Königreiches zu halten. Dabei verwalten sie meist auch noch Geld, das nicht ihres ist.

Der Gesellschaft sind Kampfkünste weitaus fremd. Es gibt kaum eine Kultur, die über die Filme von Bruce Lee hinausgeht. Noch nicht einmal in den Medien hat der Kampfsport die Stellung einnehmen können, die er verdient. Jede Kampfesweise wird gleichermassen als Kunst angesehen oder auch nicht. In den Köpfen der Mehrzahl der Bürger ist alles ein gestaltloser, nicht zu unterscheidender Klumpen – sei die Kampfkunst nun koreanisch, japanisch, chinesisch oder malaysisch. Kampfkünste sind etwas bewundernswertes, dass ihren Anwendern ein grosses Können verleiht... doch sie können ebenso gut Anlass für einen Lacher sein. Für die Mehrheit der Gesellschaft sind wir Kampfkünstler exotische und kuriose, wenn nicht gar gefährliche Typen! Der Hintergrund ist ja gewaltsam. Anstatt das sie diese Sache angehen und sich mit dem Thema Gewalt auseinandersetzen, so wie wir es mit unseren Übungen tun, leugnen andere diese Tatsache und strecken den Kopf lieber wie der Strauß in den Sand, um die Gefahr nicht zu sehen.

Wenn ich dann so eine kurzsichtige Person höre, die über Probleme mit einem kriegerischen Nachbarn nörgelt, dann kocht mir das Blut in den Adern. Was diese Menschen nicht einsehen, ist dass sie früher oder später auf der gleichen Abschussliste stehen könnten. Denken wir an den Spruch "Wer vom Schwert lebt, stirbt durch das Schwert.„ Schlussendlich sind die Probleme des Nachbarn doch immer auch die eigenen Probleme.

Im Zoo der Besserwisser und der Einzigartigen gibt alle Arten von Schmarren. Diese Leute der handeln wie der Hund des Gemüsegärtners, der den Kohl selber nicht frisst, aber es auch seinem Herrn verwehrt. In ihrer Eifersucht auf den Erfolg anderer versuchen sie, aus ihren kleinen Machtzellen heraus ihr Süppchen zu kochen, anstatt zuerst sich selbst zu hinterfragen um zu sehen, wo sie denn selbst fehlgehen und wie sie aus den eigenen Fehlern lernen können. Sie haben die Vornehmheit verloren, der den Weg des Kriegers bestimmt. Sie sind auf die dunkle Seite der Macht gefallen und sind es nicht wert, Teil von etwas so schönem zu sein.

Die Einheit verlangt einen Sinn und eine Richtung. Sie verlangt Kraft und Einfluss. Für jeden ernsthaften Kampfkünstler sind die anderen Stile zumindest ein Objekt der Neugierde. Jeder macht das, was einem Spaß macht oder einfach was ihm zufälligerweise auf dem Weg begegnet ist. Da wir nur das lieben, was wir kennen, lernen wir die Tugenden unserer Kampfkunst zu schätzen. Dadurch lernen wir, das Wissen um den eigenen Stil zu vertiefen. Dazu benötigt man viel Kraft und Zeit. Durch den Anstand und den Respekt, den wir auf der Matte lernen, können wir anderen Kampfesformen nicht deren Berechtigung absprechen, nur weil sie nicht die unsrigen sind. Ich denke, dass Menschen, die einen Kampfstil erlernen, immer respektvoller sind als Politiker. Ich bin überzeugt, dass dieser Gemeinschaftssinn eher an der Basis existiert als an der Spitze, eher auf der Matte als in den Büros, in den Herzen als in den Geldbeuteln.

Integrieren ist besser als diskriminieren. Es stimmt, dass es Unterschiede geben muss, welche auch gepflegt werden sollten. Dies ist nichts anderes als Individualität, und dabei sollte man einfach nicht die Orientierung verlieren. Es gibt eine Familie der Kampfkünste. Diese trinkt von der gleichen Quelle, die befindet sich im Herzen und in der Natur des Menschen und der Welt.

So lange es Menschen gibt, die sich wie Prometheus erheben und versuchen, den Göttern das Feuer der Weisheit zu rauben, wird es in dieser Welt Krieger geben. So lange es Menschen gibt, die vor der Macht der Natur erzittern und mit Mut und der Ehre des Kampfes mit sich selbst durch die Welt laufen wollen, so lange wird es Kampfkünstler geben. Doch wenn wir noch nicht einmal in der Lage sind, unsere Kräfte zu einen und zu verstehen, dass wir trotz aller Unterschiede zu einer einzigen und grossen Familie gehören! Unsere Feinde, welche uns mit Mistrauen betrachten weil wir Krieger sind, sind es, die uns zum Schweigen bringen wollen, die uns kontrollieren wollen, und zwar auf Tausend verschiedene Arten. Sie könnten in der Lage sein, uns erst zum Schweigen zu bringen, dann zu beherrschen und schließlich unsere edlen Künste zu vernichten. So was darf uns nicht geschehen! Beginnen wir hier und heute unsere Brüder der Kampfkünste als das zu sehen, was sie sind. Pflegen wir Kameradschaft und en Respekt, gegenseitige Zusammenarbeit, auf die uns der grossartige Jigoro Kano einstimmte (er würde sich im Grab umdrehen!). Behalten wir eine starke Handlungseinigkeit und der Sieg wird unser sein. Auf dass es so sei!

GROSSE EFFIZIENZ
WENIG ANHÄNGER

Die größte Tüchtigkeit im Kampf, ist dessen Vermeidung".
Die Kunst des Krieges. Sun Tsu

Eine effiziente Kampfkunst zu betreiben ist in den letzten Jahren sehr in Mode gekommen. Spricht man über Schlagkraft, so scheint fast jeder Stil gut zu sein, und wer sich dies nicht auf die Fahne schreibt, wird belächelt. Doch Schlagkraft ist nur ein Horizont, an den wir gelangen können oder auch nicht, je nachdem was wir uns für Ziele auf dem Weg gesetzt haben. Schlagkraft im Ring, mit seinen Regeln und rechtlichen Einschränkungen, ist nicht das gleiche, wie auf der Straße. Da gibt's keine Regeln, da geht's um Leben und Tod... auf dem Schlachtfeld wie an einer Strassenecke im eigenen Stadtviertel. Schlagkraft ist zu einem hohlen Werbespruch geworden, vielsprechende aber leer.

Durch die Revolution des Free Fight, wollte man unter Umständen Kämpfe mit anderen Kampfstile inszenieren, welche die Überlegenheit ihrer Spezialisierung beweisen würden. Die Marketingkampagne ist heute derart groß und erhält die Aufmerksamkeit der Medien in einem Maße, wie es früher nur das JKD erhielt – eine Kunst, die ähnliche Zielsetzungen verfolgte und kurioserweise mit ähnlichen Ergebnissen aufwertete: viel Presse, wenig Anhänger.

Nach der anfänglichen Überraschung und dem Eindruck, den man bei anderen Stilen hinterließ, war die Schülerzahl bei weitem nicht so gut wie erwartet, ja noch nicht einmal nennenswert. Wieso sind diese beiden Faktoren so unterschiedlich? Das ist einfach zu beantworten: Schlagkraft ist nicht der wichtigste Faktor für Menschen, die einen Kampfstil auswählen. Das mag manche überraschen, doch es gibt keine bessere Erklärung dafür. Die Profis sollten daher Notiz davon nehmen.

In der modernen westlichen Gesellschaft, besonders unter der reichen Bevölkerung, ist das Herumwälzen am Boden nicht als der beste Zeitvertreib angesehen. In unseren Machtsphantasien könnte es vorkommen, den Anderen schlagen zu wollen, doch leider deckt sich dies nicht mit der Realität. Mancher erwacht aus diesem Traum wenn er feststellt, dass der Andere dies auch materiell machen kann – und möglicherweise bricht man sich dabei noch die Hand und kann drei Monate nicht zur Arbeit gehen, ja nicht einmal in die Internet-Chatroom.

Gute Kämpfer stammen oft aus armen Verhältnissen. Für viele ist dies der einzige Weg nach oben. In aller Welt gibt es einen starken Antrieb, Kampfkünste zu erlernen, doch nach welchen Kriterien wählt man der eigene Kampfstil?

Für alle Dinge gibt es Leitlinien, die den Umständen entsprechen. So beispielsweise die Nähe des Studios, der Freund der einen animiert, der Preis, u.s.w. Doch andere Dinge sollte man auch nicht vergessen, Dinge wie ein gut geführtes Marketing, eine effiziente Organisation und, das Wichtigste an allem, die Befriedigung der Wünsche des Kunden. Wir leben in einer Konsumgesellschaft und der Kampfstil ist eben in dieser Hinsicht ein Produkt. Als Verbraucher wählen wir zwischen verschiedenen Angeboten aus und die Schlagkraft ist nur ein Faktor unter vielen – und nicht der ausschlaggebende, wie es viele glauben. Die Kämpfer der gemischten Stile sind, trotz ihrer Schlagkraft im Ring, eine kleine Minderheit im Vergleich zur Gesamtanzahl aller Schüler der Kampfkünste. Und wie weit sind sie von der unglaublichen Zahl von Karatekas oder Taekwondokas entfernt... Vielen von ihnen gefällt es, als Zuschauer an Veranstaltungen von Boxens, K-1 oder Vale-Tudo teilzunehmen, doch sind nicht bereit, diese Stile zu trainieren. Sie suchen einfach erwas anderes, und das MMA befriedigt ihre Wünsche nicht.

Viele von denen, die das MMA unterschätzt haben, argumentierten mit Dingen wie kulturelle und soziologische Werte, und dass die traditionellen Weisen auch ihren Reiz haben. Die Fähigkeit, eigenen und anderen Schaden zu vermindern, und zwar nicht nur in der Konfrontation, sondern bei der Übung selbst, ist ein weiterer herausragender Wert. Auch Dinge wie therapeutische Wirkungen und das Verbessern der Gesundheit sowie des geistigem Wohlbefinden sind für die Wahl des Stiles ausschlaggebend, und auch bei der Entscheidung, ob man aus Altersgründen weitermacht oder aufgibt. Man vergesse nicht, dass unsere Gesellschaft am Überaltern ist!

Der Traum von der Allmacht ist jugendlicher Natur. Die Werte der Reife sind andere, und das hat im Augenblick der Auswahl und des Beginns grosse Bedeutung. Wenn diejenigen, die auswählen, bereits Eltern sind, sind ihre Werte, besonders heute wo es immer weniger Nachwuchs gibt, vor allem beschützender Natur. Sie haben schon genug daran zu knabbern, in ein Gesicht mit Piercing zu schauen, auf Tätowierungen und andere verstümmelnde Moden, welche absolut kontrakulturell sind, und auf der anderen Seite zum Bild des Free Fighters gehören. Als könnte ein Nesthäkchen auf dem Tatami so einen Schläger nachahmen.

Es gibt erzieherische Werte, welche starke Anziehungskraft haben. Es gibt Vorteile, die nur wenig augenscheinlich sind, die aber große Wirkungen auf diejenigen haben, die sich einen Kimono, Dobok, Hakama, u.s.w. anziehen und mit Nachdruck zwei bis drei Mal die Woche trainieren, ohne den Wunsch, eine Meisterschaft gewinnen zu wollen oder sich in den Vetter von „Hulk" zu verwandeln. Sie trainieren weil sie sich dadurch besser fühlen. Sie genießen, zu spüren wie sie ihren Körper immer besser koordinieren, wie sich die Spannungen lösen, und das in einem einen kontrollierten Rahmen mit sehr geringem Risiko. Sie finden einen gewissen Frieden, den sie vorher nicht hatten, Ruhe und Gelassenheit, eine Zusatzstimulierung des Selbstvertrauens und sogar das Zugehörigkeitsgefühl zu einer Gruppe, in der manchmal die seltsamsten Freundschaften entstehen – teilt man mit den Kollegen nicht nur die Anstrengung, sondern auch einmal ein kühles Bier.

Die einfachen Werte des Durchschnittsschülers sind es, welche die Kampfkünste unserer Tage groß gemacht haben. Man vergesse im Vollrausch nie, auf das muskulösere Pferd zu setzen; vielleicht sollten wir ja die Geschichte von David und Goliath wiederholen – und dort sollte immer der gewinnen, der klüger ist.

KONZENTRATION UND MEDITATION IN DEN KAMPFKÜNSTEN

Meditationen werden häufig zu Beginn und am Ende des Unterrichts ausgeführt. Die simple Tatsache, ins Dojo gegangen zu sein, sich den Alltagskleidern zu entledigen und den Gui, Dobok oder was auch immer anzuziehen, den Gürtel umzubinden, allein dies ist schon ein Akt der Vorbereitung, um unseren Geist an jene andere Raum-Zeit anzugleichen, der unsere Übung im Do-jo (Ort des Erwachens) ist.

Meditation und Begrüßungen sind ein weiterer Schritt im genannten Prozess. Selbst bei der rein formalen Ausübung dieser Zeremonien wird der Ballast des Alltags abgeworfen, bis man eine andere Einstellung erfährt, wo Werte, Zeiten und Krafteinsatz verschieden sind. Hier bestimmt nicht das Geld, sondern der Meister. Unsere Zeit steht uns nicht zu, sie wird vom Meister verwaltet und der Dynamik der Gruppe. Der Körper, oftmals auf eingefahrenen Gleisen des Alltags wandelnd, hat nun eine andere Rolle, er macht sich gegenwärtig und ruft den Geist und die Gefühle an, um am Einsatz teilzunehmen. Ein Einsatz den man nicht macht, um Geld zu gewinnen, keinerlei Gegenstände, keinen Sex, einen Aufwand, der uns nur ein Geschenk bringen wird: die Selbstüberwindung. Dieser Wandel ist nicht einfach und benötigt einen Anpassungsprozeß vom Typ „Überdruckkammer", damit die Seele nicht in ihrem Wandlungsprozeß geschädigt wird.

Das Dojo war traditionell ein heiliger Ort. Dojo ist tatsächlich ein externer Ausdruck eines inneren Zustandes, den wir wahrnehmen müssen, um unsere Welt anzuhalten, und den internen Dialog auszuschalten. Was das Dojo heilig werden lässt, ist das Eindringen von uns in einen geheiligten Zustand, durch das Ablassen von den eigenen Gedanken, der eigenen Unruhe, Störungen, Besessenheiten, dem unaufhörlichen Rasen des Geistes, immer unfähig stillzustehen.

Sich dieses Details bewusst, setzten die antiken Meister eine Zeremonie ein, welche uns den Wandel vollziehen lässt, um so die gesammelte Aufmerksamkeit ihrer Schüler für die Lehre zu gewinnen.

Die wahren Meister aus Asien lehren weit mehr über die Stille als die westlichen Lehrer. Dies ist aus zwei Gründen so. Als erstes ist die östliche Kultur viel gehaltvoller, und zweitens ist das Ziel ihrer Lehre nicht immer im Sichtbaren zu finden. In diesem Rahmen ist es also kein praktisches Werkzeug, sondern erscheint eher als ein störendes

Hindernis für den Anfänger. Wir im Okzident verbalisieren alles und ohne Pause, womit wir niemals unseren Geist anhalten. Die Stille der Meditation kann zu mehr werden als zur Unruhe für denjenigen, der sich zum ersten Mal einer traditionellen Klasse nähert. Die Stille kann gar zu Angstzuständen und Beklemmung führen, so voll ist sie und füllt uns bis zu unseren Grenzen.

Meditation ist ein Akt des Leerens, nicht des Füllens. Es geht nicht darum, an dieses oder jenes zu denken, vielmehr geht es darum, nichts zu denken. Im ersten Augenblick ist dies etwas Unmögliches für jeden Menschen ohne entsprechende Erfahrung. Man hat unseren Geist seit unserer Geburt gelehrt, ein Werkzeug zu sein, das beständig Dinge tut, um andere Dinge zu erreichen – man erwarte also nicht, dass ein Wandel einfach ist.

Die Idee der Leere ist sehr östlich und entstammt der Philosophie des Taoismus. Das Wesen des Zugangs zu dieser Leere ist der Einstieg in das Primordiale und Ewige, das es in allen Dingen gibt. Dazu müssen wir die Aufmerksamkeit von Ablenkungen befreien. Viele Schulen haben dazu Konzentrationstechniken entwickelt, welche die Aufmerksamkeit auf den wesentlichen Akt lenken sollen, den man automatisch ausführt, den Akt, der es uns erlaubt, jede Sekunde zu leben, den Akt der Atmung. Besagte Techniken sind nicht verachtenswert und helfen dem Anfänger eine initiierende Stütze zu finden. Doch natürlich ist auch dies nur ein aktives Tun, während das Wesen der Meditation genau die „Nichthandlung" ist. Diese „Nichthandlung" muss aber bewusst geschehen. Es handelt sich nicht ums Schlafen! Etwas, das häufig geschieht, dauert zu Beginn der Ausübung zu lange. „Die Handlung des Nicht-Handelns", das „Wu-Wei" der Chinesen ähnelt vielmehr einer abneigenden Beobachtung unserer selbst. Man widersetze sich nicht dem Rennen der Gedanken, da jede Anstrengung dazu möglicherweise den entgegengesetzten Effekt hat. Man lasse los, fliege und betrachte sich als sei es ein Akt des mentalen Voyeurismus. Man lösche die Gedanken nicht aus, man lasse sich auch nicht von ihnen einfangen - von keinem konkreten - man lasse zu, dass der Geist von einem Gedanken zum anderen springt, man lausche, als ob es sich um Hintergrundgeräusche handle, während man spürt, wie die Luft durch die Nase ein- und ausströmt. Man identifiziere sich nicht einmal mit demjenigen, der atmet, man mache dies mit der Luft, mit jedem Atemzug des Kommen und Gehen der Strömung des Lebens, weiter dort, wo es nur Stille und Ruhe gibt.

Das Gewöhnliche in der Meditation ist die Ausübung in der Position des Lotus oder des Diamanten (Seiza). Das einzig nicht wegdenkbare ist das Aufrechthalten der Wirbelsäule, lotrecht zum Boden. Schmerzt dabei der Rücken, suche man einen Orthopäden oder Chiropraktiker auf – dann wird die Meditation wenigstens geholfen haben, dass man sich über seine Rückenproblematik bewusst wird!

Die Idee der Haltung zum Meditieren ist einfach der Versuch, größtmögliche Entspannung zu erreichen. Das Gewöhnen des Körpers an diese ungewohnten Stellungen kann einige Zeit erfordern. In Seiza könnten die Füße schmerzen und ist unser Kreislauf nicht gut, könnte man Kribbeln, Schmerz und Ungemütlichkeit spüren. Im Lotus oder halben Lotus könnten sich die Knie bemerkbar machen, oder einfach die Tatsache, dass wir diese Haltung nicht einnehmen können.

Hat man diese Unannehmlichkeiten einmal überwunden, sollte man sich in der ersten Phase einer bewussten Entspannung widmen, indem man dem Körper stellenweise Aufmerksamkeit schenkt. Das Ziel ist es, einen Zustand der Ataraxie und Entspannung zu erlangen, ohne Spannung und Aufmerksamkeit zu verlieren. Die Augen sind halbgeöffnet oder geschlossen, je nach der Schule - man muss „schauen ohne zu sehen".

Es gibt grundsätzlich zwei Bereiche, auf die wir unsere Aufmerksamkeit in dieser ersten Phase richten können: das Hara und Tandem oder die Zirbeldrüse (Drittes Auge). Die Augen schauen im ersten Fall normalerweise zwei Meter geradeaus auf den Boden vor uns. Im zweiten richten sie sich nach oben, auf die Stelle zwischen den Augenbrauen. Die Meditation Zen, die in den meisten Dojos ausgeübt wird, legt die Aufmerksamkeit auf das Tandem, nicht zufällig ist dessen Ziel die Vorbereitung auf eine Praxis, bei der die genannte Stelle einen Angelpunkt darstellt, von dem aus unsere Handlungen ausgehen. Die Hände ruhen auf den Oberschenkeln, ruhen aber nicht auf dem Abdomen. Mit den Handflächen nach oben gedreht, berühren sich die Daumen unmerklich und schließen den energetischen Kreislauf. „Weder Tal noch Berg", betet der Spruch des Zen, die Daumen sind ausgestreckt und ruhen, ohne an Spannung zu verlieren.

Es gibt eine endlose Zahl von Konzentrationstechniken, doch man darf nie vergessen, welches ihr strategisches Ziel der Ausübung ist. Sich in technischen Details zu verlieren ist ein weiterer Weg, seine Praxis zu vernebeln und uns erneut in den Verzweigungen zu verlieren, so dass wir vor lauter Bäumen den Wald nicht sehen.

Kampfkünste sind Meditation in Bewegung - besonders zu Beginn und Ende des Unterrichts. Einmal befreit von Spannungen und mit geöffneten Energiekanälen, steuert die Meditation eine einzigartige Gelegenheit für den Übenden bei, sich zu verlangsamen, ruhig zu werden und die Erschöpfung zu lindern, Perspektive zu nehmen, den Rhythmus zu wählen und in den Raum des wahren und dauerhaften Friedens einzutreten.

Das Ignorieren dieser Disziplin im Training, so wie ich es immer häufiger in den Studios beobachten muss, ist das Ergebnis der Beschleunigung und der Beklemmung, welche von unserer modernen Lebensform geschaffen wird. Auch wenn man es zuerst nicht bemerkt, die auf die Meditation verwendete Zeit wird einem mehr als zurückgegeben, sie fördert das Wachstum und die Assimilierung aller implizierter Werte in der kriegerischen Praxis. Man verbessert die Aufmerksamkeit im Unterricht und kann jedes Mal schneller auf diesen adäquaten geistigen Zustand zugreifen, um unser Training mit den eigenen fünf Sinnen aufzunehmen.

Die Verlagerung auf eine wache, bereite, aber dabei gelassene Bewusstseinsebene ist ein außergewöhnlicher Erfolg für ein menschliches Wesen. Das Schlechte dabei ist, dass man beim Erreichen dieses Ziels keinerlei Medaille, keinen Preis bekommt, den man sich umhängen könnte; also nichts, wofür man sich aus rein praktischer Sicht rechtfertigen könnte, jener Sicht, in der wir mit Innbrunst erzogen wurden. Doch die immateriellen Werte dieses Trainings haben einen viel tiefer reichenden Einfluss auf das, was uns in der Welt am meisten interessiert – unser Wohlbefinden. Doch wie man weiß, und wie es der Volksmund sagt: „Es gibt keine Abkürzung ohne Arbeit", und so kann sich die Ausübung des Unnützlichen paradoxerweise in etwas Nützliches verwandeln.

Sind die Kampfkünste kein Portal hin zu einer Verwandlung des Bewusstseins, werden sie auf rein körperliche Fähigkeiten reduziert, die fast immer unnütz sind, denn wie oft muss man sich im Leben prügeln? Hingegen bleibt uns nichts anderes übrig, als jeden Tag aufs Neue mit Beklemmung, Stress und Frustration umzugehen, dem Zahlen der Rechnungen und dem Gewinnen des Ansehens bei anderen, dem Erfüllen der Ansprüche – und noch dazu weiß jeder, dass er nur eine begrenzte Haltbarkeitsdauer hat! Diesen Typen, den wir jeden morgen sehen, wenn wir in den Spiegel schauen. Könnten wir nicht einige wenige Minuten in ihn investieren? Schließlich ist er doch gar kein so schlechter Kerl! Für den, dem sich die Dinge so kompliziert haben – helfen wir ihm doch einfach!

„Sind die Kampfkünste kein Portal hin zu einer Verwandlung des Bewusstseins, werden sie auf rein körperliche Fähigkeiten reduziert"

FANATISMUS

Als die „Bobbies" von Scotland Yard entdeckten, daß die Selbstmordattentäter nicht in Palästina, Rihad oder Mesopotamien geboren waren, sondern mitten im Herzen des Empire, trugen sie ein perplexes Gesicht zur Schau das es würdig ist, in die Geschichte einzugehen. Das gleiche Gesicht von Ungläubigkeit, das einige Tage nach dem Anschlag die Nachbarn der Täter im Fernsehen zur Schau stellten.

Die gemischten Gesellschaften haben große Vorteile, doch auch riesige Nachteile zu verzeichnen. Wie es zu erwarten war, war es nicht einfach die Hooligans zurückzuhalten, denn man erkläre einmal einer solchen Type, daß es nicht das gleiche ist, Muselman oder Islamist zu sein... Der Hooligan ist ein Mensch mit einfachen Kriterien. Er sieht den, der den Knopf drückt, und, manchmal, den gleichen Glauben ausübt wie die von Madrid oder New York. Doch der Hooligan weiß nicht, daß auch er diesen Strömungen ausgesetzt ist, der gleichen radikalisierenden Kraft welche diese Jugendlichen antreibt, sich mit einer Bombe am Körper in die Metro zu stürzen. Diese Kraft ist der Fanatismus.

Fanatismus ist eine intellektuelle Blindheit die nur schwer zu heilen ist. Sie basiert auf einem negativen Gefühl und beherrscht das mentale Rechtsgefühl, die Person denkt nun nicht mehr nach und beobachtet, sie wiederholt einen geschlossenen Kreislauf, eine Achterbahn von sich selbst ernährenden Gedanken. Ohne äußere Referenzen, ohne Kontrast, ist es unmöglich, eine eigene Meinung zu haben.

Die Welt hört nicht auf, eine Entelechie der Natur zu sein, wo der Schrecken das Alltägliche ist. In unseren „grauen" Gesellschaften verringern sich die Spielarten immer weiter, hin zu Schwarz und Weiß. Mit jedem Schritt hinzu den Extremen, nehmen Farbenspiel und Amplitude ab; mit jeder neuen Spannung nähern wir uns weiter dem Abgrund der Extreme der eigenen Realität unseres Kali Yuga.

Unsere westliche Gesellschaft ist in einer Krise, doch sind die Werte und Ideale, mit denen wir lebten in der Lage, die nötige Standfestigkeit und Flexibilität mitzubringen, um diesen neuen Feind zu besiegen. Es scheint, daß der Aphorismus „Anpassen oder Sterben" nie wahrer war als heute, es genügt nicht mehr, den Terrorismus zu verurteilen, das Geschehene zu beklagen. Man muß verstehen, daß man aus den Fehlern zu lernen hat und Mittel bereitstellen muß, welche das Paradigma ändern, das die Existenz des Feindes ermöglicht und dessen Fähigkeit, ungestraft zu handeln. Doch manchmal ist es die Taubheit, anderes Mal die Presse, und vor allem die

Meinungsmacher des „Gut-Denkens", welche uns eine manipulierte Wirklichkeit erschaffen, und wo die Handlung wirr ist. Sympathikus oder Parasympathikus? Vor oder zurück? Es scheint, daß wir verharren und niemand eine Antwort auf die Fragen weiß: Wo beginnt das Inakzeptable? Wo ist die Grenze? Welchen Preis sind wir bereit zu zahlen?

Meiner bescheidenen Meinung nach, müssen die Dinge noch schlimmer werden, bis man auf solche Schreckenstaten wie den 11-S wirklich reagiert. Es scheint, daß wir so anpassungsfähig sind, daß noch viel Schlimmeres geschehen muß, bis wir ernsthaft reagieren. Wir haben gelernt, mit viel mehr Toten zu leben, wie auf den Straßen zum Beispiel, auch wenn wir dies im Grunde für einen akzeptablen Preis halten, unsere Freiheit mit dem Auto auszuleben. Bis wohin werden wir in der Lage sein, unsere Lebensweise zu gefährden, unsere Freiheiten, um effektiv gegen diesen Widersacher vorzugehen?

Die Taktik des Terrorismus war schon immer der Verschleiß. Kann man einen überlegenen Gegner nicht besiegen, greift man ihn nicht frontal an. Die einzige Möglichkeit ist das unterminieren seiner Moral, man greift dort an, wo es ihm am meisten schmerzt, um ihn möglicherweise zum Nachgeben zu zwingen, um strategische Ziele zu verhandeln, normalerweise territoriale. Doch es scheint so, daß diese neue Form des globalen Terrorismus keinerlei Territorien beansprucht – aber auf lange Sicht tut sie das doch! Vor allem verficht man ein neues Paradigma, das sich auf eine eigenartige Auslegung der heiligen Schriften des Korans stützt und deren Feind der „Ungläubige" ist, das heißt, um es nicht komplizierter zu machen als es ist: Alle, die nicht mit jener Weltsicht übereinstimmen.

Der Begriff „fanatisch" stammt vom Lateinischen „fanaticus" und dessen Wurzel von „fanum", was Tempel bedeutet. Kein Zweifel: Die weisen Väter unserer Kultur hatten bereits diese existente, intrinsische Beziehung zwischen beiden Dingen erkannt, und es liegt auf der Hand, daß der Mensch, trotz all seiner Technologie, sich gar nicht so sehr verändert hat.

Auf der anderen Seite setzten die schon immer subtilen und scharfblickenden Asiaten vor Tausenden von Jahren durch das Go Kyo, den Fünf Elementen, einige Schlüssel, welche ein gewisses Licht in diese Angelegenheit bringen könnten. Aus dieser Sichtweise heraus, ist der Fanatiker ohne Zweifel ein Wesen, das von der Energie des negativen Feuers besessen ist. Kurioserweise besitzt in dieser Theorie das Lamm die Energie des Feuers und der Nahe Osten ist der Ort mit einer großen Energie des „Holzes", und das Element Holz ist der Vorläufer, die Mutter des Feuers. Die Lamm essenden Völker waren schon immeranfällig für die

Energie des Feuers, schließlich sind wir, u. a., ein Produkt der Mittel, und Nahrung hat keinen geringen Einfluß auf uns. Auf diese Weise sind die Völker die bevorzugt Schweine (ein Tier mit der Energie Wasser) verzehren, wie die Chinesen, schon immer von dieser Kraft beherrscht worden; Rinder verzehrende Völker von der Energie Erde, etc. Jedes Symbol hat zwei Seiten, doch ohne Zweifel besetzt es einen bestimmten Raum in der Totalität dessen, was es „ist", und innerhalb des Zyklus der Kräfte.

Der kulturelle Eintopf der Unzufriedenheit verbreitet sich in den Randbezirken der großen europäischen und amerikanischen Siedlungen, so wie es schon immer war. Für die soziale Pyramide benötigt man immer mehr Ziegel am Fundament als oben, damit das Ding stehen bleibt, denn wenn die unten einfließenden Elemente bemerken, daß es oben einiges an „Porosität" gibt, mögen sie eventuell aufsteigen, sie ärgern und streiten sich darum.

Die Optimisten glauben, daß man die Gesellschaft „reparieren" und „die Ungerechtigkeiten" eliminieren könne, damit wir alle gleich seien. Einige Einflußreiche solcher „guten Absichten" haben einen enormen Holocaust gelassen. Die Natur verabscheut die Gleichheit. Die Natur ist und wird sein was sie ist, Hierarchie, und die Pyramide mit der Zahl Pi ist nicht zufällig das Symbol der Perfektion unseres Planes. Von den Ägyptern bis hin zum Geldschein des Dollars, von Tenochtitlan bis zu den sozialen Darstellungen, sendet die Pyramide eine leise und uralte, unvergängliche Nachricht aus. Hören Sie sie?

Die „fanaticus" sind aus ihrem „fanum" gekommen, um der Welt ihre Sichtweise aufzuzwingen. Wir können uns nach der unsrigen fragen, oder sonstwas tun, und vor allem, wie weit wir gehen, und ob und wann wir die unsrige verteidigen. Wir können uns gar fragen, ob wir sie verteidigen wollen oder nicht! Doch während all dem sollte man nicht hoffen, daß jene mit ihrer tödlichen und fanatischen Handlung von alleine aufhören werden. Sie werden auch nicht davon ablassen, auch wenn man ab und zu „Gerechtigkeit übt". Jenen Jungs, die mit Bomben auf den Zug stiegen ging es gar nicht so schlecht, auf jeden Fall besser als denen in Äthiopien oder Niger. Vergessen wir, daß wir zu den 5% der Privilegierten der Weltbevölkerung gehören die drei Mahlzeiten am Tag bekommt, dann realisieren wir die universelle Wahrheit, das alles relativ ist.

Wir leben in extremen Zeiten, in der Radikalisierung der Kräfte. Die Kampfkünste (in denen es auch negative Fanatiker gibt!) wurden geschaffen, um äußere und innere Krieger zu schmieden. Noch nie zuvor in der Geschichte war die Nachfrage nach beiden so groß wie heute, und noch nie gab es solch eine Notwendigkeit, konzentrierte Krieger zu haben, welche mit einer leisen aber bestimmten Ruhe und Überlegtheit vorgehen, mit einer Stärke und Zielsetzung wie sie nur jemand hervorbringt, der sich sich selbst widmet. Nun kann niemand sein Zentrum ausarbeiten wenn er sich im Außen befindet und man an seinen Rändern Bomben abwirft. Vielleicht sollte man nach draußen gehen und etwas unternehmen... auch wenn es nur dafür sei, daß man in Frieden gelassen wird, damit man mit sich selbst in Frieden ist und den wahren Krieg aufnimmt, den wir alle mit uns selbst zu führen haben.

"**Noch nie zuvor in der Geschichte war die Nachfrage nach beiden so groß wie heute, und noch nie gab es solch eine Notwendigkeit, konzentrierte Krieger zu haben, welche mit einer leisen aber bestimmten Ruhe und Überlegtheit vorgehen, mit einer Stärke und Zielsetzung wie sie nur jemand hervorbringt, der sich sich selbst widme"**

DIE KAMPFKÜNSTE AM SCHEIDEWEG DER NEUEN ÄRA

„Wir sind wie ein Tropfen Wasser im Meer.
Wenn wir uns mit ihm vereinen,
nehmen wir an allem teil, das wir nie aufhören zu sein".

Das Konglomerat, das wir „Welt der Kampfkünste" nennen, ist eine eigene Welt, auch wenn sich viele anschicken, die Welt mit dem Mikroskop zu betrachten, den Akzent auf Unterschiede legen, so als wären diese substantieller und von trennender Natur. Diese Unterscheidung erscheint ein wenig seltsam in einer Zeit, in der man weiß, dass sich das menschliche Genom nur ein klitzekleines Bißchen von dem der Essigmücke unterscheidet…

Hier schreit das Ego auf (auf dass es platze…)! Und viel Unfug gibt es auch!

Das Budo EINS ist und aus dem selben ursprünglichen Wesen stammt, ist undiskutierbar. Was uns unterscheidet ist vielleicht eher eine Marketingstrategie als eine wissenschaftlich fundierte Abweichung. Nein. Ich werde sie hier nicht langweilen mit Theorien über eine eventuelle historische gemeinsame Herkunft. Für mich gibt es Wahrheiten, die vor diesen Umschweifen vorhergehen, und diese liegen in der Natur des Kriegerischen selbst. Der Mensch stellte sich - seit er Mensch ist - seiner Position in der Welt und der Natur anhand des Kampfes. Budo ist nur das Ergebnis seiner Anstrengungen und seiner Eroberungen hinsichtlich dieser Schwierigkeit. Mit allen kulturellen, rassischen und mit dem Umfeld einhergehenden Besonderheiten ist der Beginn des Weges des Kriegers doch in seinem Wesen überall gleich, er muss auf Notwendigkeiten antworten, die in uns allen zu finden sind. Danach kann man das Thema angehen wie man mag, doch der Pfad des Kriegers begann dort, wo ein Mensch stand, und wir alle nehmen im Grunde an diesem Wesen teil – alles weitere dürfte eher Sache der Kultur sein (im besten Falle, und im schlimmsten, der persönlichen Wichtigkeit).

Die kriegerische Vielfalt ist ein Schatz, doch den Unterschieden mehr Bedeutung zu geben als den Gemeinsamkeiten, führt zu nichts. Auch als intelligent bezeichnete Personen beschäftigen sich nachdrücklich mit o. g., und m. E. ist dies nichts weiter als Sektiererei.

Leider muss ich nur allzuhäufig feststellen, dass es in unserem Sektor diese Tendenzen gibt. Es gibt da eine Art von „Provinzlerei", von rechthaberischem Bierzeltgeschwafel, was uns vor lauter Bäumen den

Wald nicht mehr sehen lässt. Nun, dies ist sehr schlecht, meine Damen und Herren, denn getrennt sind wir nur eine kleine Minderheit, sozial ohne Einfluss, doch gemeinsam wären wir ein aktive und einflußreiche Gesellschaft. Denn die „Nicht-Krieger" scheren uns alle mehr oder weniger über einen Kamm. Nein, das ist kein Fußball, kein Tennis, man kann es nicht einmal auf den simplen Bereich des Sports reduzieren. Budo, die Kampfkünste, sind ein viel größeres Konglomerat, wir haben viel zu bieten, doch jeder Stil kann sich für sich alleine gegen den Massensport nicht durchsetzen. Wer ist Schuld daran? Schauen wir doch in den Spiegel…

Ich interessiere mich nur für Sport. Mein Ding ist aber eine Kunst! Meine Sache geht nur ums Interne. Ich will nach Olympia und Du nicht… Das Ihrige wird nichts ohne die anderen sein! Doch gemeinsam, das wäre eine andere Sache!

Im Bereich der Zeitschriften suchen wir eine gute Bemessungsgrundlage als Modell für den gesamten Sektor. Es ist eine Tatsache, dass jedes Projekt in den letzten 40 Jahren in Europa und Amerika, das sich nur auf einen Sektor spezialisierte, gescheitert ist. Zwar haben manche überlebt, aber doch eher als Ladenhüter mit einer kleinen Verbreitung. Es tut weh, die diesbezügliche Blindheit unseres Sektors zu erkennen.

Die Welt lebt in Zeiten der Radikalität. Die Kraft bewegt sich in allen Bereichen auf die beiden entgegengesetzten Pole zu - auch in den Kampfkünsten. Auf der einen Seite gibt es die Kräfte, die sich der Vereinigung widmen. Kräfte, die man mit dem

Satz vom schottischen Hochländler „Es kann nur einen geben", bezeichnen kann. Auf der anderen Seite stehen die ausschließenden, zerteilenden Kräfte. Die Welle des Nationalismus ist auf dem Alten Kontinent in der Stunde zu spüren, in der man eine Europäische Konstitution verankern will. Auf der einen Seite Mikro, auf der anderen Seite Makro, zerren und widersetzen sie sich gegenseitig. Die gleichen Kräfte finden sich, zwar auf anderem Niveau, auch in unserer kleinen Wirklichkeit der Kampfkünste wieder, und wie im Fall zuvor, werden die Massen durch die Gezeiten bewegt, ohne deren Bewegung überhaupt zu bemerken.

Meiner Meinung nach sollte man in den sich ergänzenden Gegensätzen suchen und nicht die sterile und absurde Konfrontation suchen. Die Identität der Stile sollte nicht verwehrt werden, damit wir von den Vorteilen der Einheit in Handlung auch Vorteile ziehen können, die vielfältig und sehr positiv sind. Für den Rest ist dies ein Punkt sine qua non, doch das ist es auch beim Öffnen der Scheuklappen, der Großzügigkeit und dem Üben in Bescheidenheit (und ich weiß, dass dies in unserem Sektor schon viel verlangt ist!). Wir sollten uns bewusst darüber sein, dass besagte Einheit nicht auf Grundlagen wie Verkrustung basiert. Die Steuermänner werden es nicht wissen und sich nicht daran heranwagen, Dinge zu unternehmen, die eine erheblich größere soziale Akzeptanz unserer Praktiken gewährleisten würden, wodurch eine nicht zu verneinende Popularisierung der selbigen, einschließlich aller Vorteile, die der Sektor daraus grundsätzlich ziehen kann, entstünde.

Von dieser Zeitschrift aus versuchen wir Monat für Monat mit Worten und Taten in diese Richtung zu steuern, wir arbeiten für eine positive Nachricht, eine Nachricht der Handlungseinheit im Unterschied. Immer noch gibt es viele, welche diese Botschaft, die das Projekt von *Kampfkunst International,* sendet, nicht verstanden haben. Es handelt sich nicht um ein simples Unternehmen audiovisueller oder auf Texten basierenden Arbeiten. Wir haben diese Situation nicht herbeigerufen: Es sind die Kräfte, die Realitäten, die es gibt! Sie sind eine gemeinsame Anstrengung unserer Gemeinschaft, auch wenn sich einige darüber nicht bewusst sind. Es ist an der Zeit, alles ein wenig mehr ans Licht zu bringen, so dass unser Verhalten im Alltag dem Andersartigen Respekt zollt, dass wir anderen Dingen gegenüber die Augen öffnen, ohne Angst zu haben, unsere Identität zu verlieren. Dann erst sind wir in der Lage, einen Sprung als Gemeinschaft zu machen und uns alle zu bereichern und zu wachsen.

Die Alternative ist schlecht, sehr schlecht – und in der Verwirrung und dem Festhalten an verkrustetem Denken könnte es noch schlimmer kommen. Wir könnten denken, wie seien … Essigfliegen.

„Die kriegerische Vielfalt ist ein Schatz, doch den Unterschieden mehr Bedeutung zu geben als den Gemeinsamkeiten, führt zu nichts"

TORERO!
DER SPANISCHE SAMURAI

Nur wenigen ist die Verbundenheit zwischen Kampfkünsten und dem Stierkampf bekannt. Selbst in Spanien, ganz im Gegensatz zu dem was man annehmen könnte, wird diese Kunst nur von einer kleinen Minderheit von „Liebhabern" erkannt und verstanden. Ein Liebhaber ist mehr als einfach nur ein einfacher Interessierter in der Materie, er lebt mit Leidenschaft und versteht das Wesen, er nimmt an der Fiesta teil, so wie man sie von der Kunst der Stiermagie her kennt, auf aktive Weise, aus seiner Stellung in der Arena her. Und das Publikum der Stierkämpfe ist mehr als nur reine Zuschauer. Das Publikum ist ZEUS und seine Herrschaft ist unbestreitbar. Es hebt die Streiter zum Altar an, es schickt sie in die tiefsten Abgründe, doch vor allem lebt es auf direkte, liturgische Form, nimmt teil, fordert, prämiert und fühlt mit. Das Gefühl beim Stierkampf ist ein Akt spiritueller Kommunion im Hier und Jetzt. Wenn der Platz vibriert und alles magisch zum Einen wird, wenn die Kunst geschieht, dann manifestiert sich das Ganze im spanischen Tantra „Olé!".

Unter den Toreros finden sich immer häufiger Schüler der Kampfkünste. Julio Aparicio, Javier Vazquez und natürlich Rivera Ordoñez, bekannt für seine Leidenschaft zum Aikido, für das er mit seinen Lehrmeistern, den Gebrüdern Peña - Schüler des gleichen Stiles wie Steven Seagal - ein Video drehte. Diesen Monat möchten wir ihnen einen neuen „Meister" vorstellen, einen Schüler des Jukaikido von Colonel Sanchis. Einem bewundernswerten Torero großen Könnens und großer Menschlichkeit. Angel de la Rosa.

Dies ist nicht der erste Text, den ich über die Kunst des Stierkampfes verfasse, doch der Reichtum der Feinheiten, die Kraft und Tiefe sind Quell beständiger Inspiration für jeden Liebhaber.

Stierkampf erinnert uns daran, dass wir Krieger sind, wie der Stier, und einmal losgelassen auf den Platz des Lebens, ist es unser Schicksal, mit Tapferkeit und ohne Warten zu kämpfen; ohne Ausflüchte, ohne sich zu messen, bis das „göttliche Glück" uns aus dem Leben nimmt.

Und wie im Leben, so muss man auch bei der Fiesta allen „Anweisungen" folgen, egal ob man es gut oder schlecht gemacht hat, und es steht fest, dass man nicht dort hinausgeht, wo man hereinkam.

Stierkampf ist eine Darstellung, eine Liturgie der Gesamtheit des Universums anhand der sich ergänzenden Gegensätze. Der Mann kleidet sich als Frau, als Tänzerin, um seine Männlichkeit im Symbol der (abgeschnittenen) Ohren und des Schwanzes zu erobern, den man den Siegern mitgibt. Der Stier wird auf seine Tapferkeit erprobt, auf seine Kraft, Ausdauer und seinen Edel.

Bei den Stierläufen siegt die Weichheit über die Kraft, vereint beide Prinzipien, in denen nichts reiner Zufall ist, nicht sein darf, und alles kann magisch wirken, ist es nur gut ausgeführt. „Wahrheit" wird groß geschrieben. Sie ist real, greifbar und streift nur allzu häufig die Anwesenheit des Todes. Der Tod, der ewige Begleiter dieses Festes, betrifft sowohl den Stier als auch den Stierkämpfer, sollte dieser einen Augenblick nicht aufpassen, und das Publikum identifiziert sich ebenso damit .

Der Stier präsentiert das männliche Prinzip, den schwarzen und unbarmherzigen Tod, den noblen und aufrechten Angriff, die rituelle Gewalt, welche es erlaubt, einen Stier anzugehen. Kühe sind unbeherrschbar, denn ihre Wildheit ist nicht aufrichtig, sie weichen aus, sind defensiv und tödlich. Sie suchen kein Vergleich mit dem Feind, sondern versuchen, diesen zu töten. Der edle Stier auf dem Platz hingegen beherrscht sich, er wirft den Gegner zu Boden ohne ihn Töten zu müssen, er tötet seine Widersacher nicht in der Schlacht, um seine Herrschaft über die Herde zu beweisen.

Der Stierkämpfer ist das Wesen des Besten, was die Weiblichkeit zu bieten hat. Schönheit, Stilisierung, Weichheit in den Formen mit dem, was man noble aber rohe Kraft nennt. Gelassenheit und Sicherheit zeichnen das Weibchen aus, das im Zentrum der Aufmerksamkeit steht. Mit Ohnmacht, ohne augenscheinliche Kraftanstrengung, konzentriert in seiner Mitte, steuern die guten Toreros, genau so wie die Weibchen, fast unmerklich den Tanz des Lebens, der sich um sie herum abspielt.

Wie im Aikido, so tanzt auch der Torero mit spiralartigen Bewegungen vor einem unberechenbaren und starken Uke umher, 600 Kilo Muskeln und Testosteron mit einem Paar scharfer Hörner, welche in einem Sekundenbruchteil die Anatomie zerstören können.

Sein Schnauben lässt das Blut erstarren. Sein Blick lässt einen erstarren. Sein Schritt lässt die Erde erzittern. Seine Schnelligkeit überrumpelt einen. Nur die Gelassenheit, die Voraussicht, die Intelligenz und die strikteste Selbstbeherrschung erlauben es dem Torero dort zu sein und das Notwendige zu tun. Den zu bekämpfenden Stier vorzuführen mit der Intelligenz des besten Strategen, damit er das tut was er sonst nie tun würde, damit er macht, was man selbst will.

Dieser Wille des Stierkämpfers, sich mit dem Stier zu vereinen, erlaubt das Wunder, doch nur, wenn der Stier das ist was er sein soll, nobel, aufrichtig und stolz, dann nimmt die Magie die Arena ein und der Zirkel der sie ist, steigt in einer Spirale nach oben, erhebt die Anwesenden in einem Augenblick der Vibration und Überraschung heidnischer Freude, welche sich vor dem Tanz der Gegensätze ergibt.

Es ist kein Zufall, dass viele Stierkämpfer den Ruf der Kampfkünste in deren verschiedensten Formen gefühlt haben. Der Torero muss seinen Charakter stählen bis dieser Gelassenheit zeigt, Ernsthaftigkeit, Tiefe und Dank sowie Schönheit in den Bewegungen, also alle Tugenden, die man bei einem guten Kampfkünstler auch findet.

Diesmal bringen wir ihnen auf diesen Seiten ein Beispiel dafür. Angel de la Rosa. Schüler von Großmeister Santiago Sanchis.

- „Seit ich Jukaikido trainiere habe ich meine Fähigkeiten mit dem Stier umzugehen, erheblich verbessert. Sogar mein Distanzgefühl und der Umgang mit dem Degen sind deutlich besser geworden" – sagt uns der Meister.

Doch es war der Sinn für den Tod, über den sich der Torero und ich besonders unterhielten. Es handelte sich weniger um die Techniken, welche sein Interesse bewegten, sein Geist beschäftigte durch unsere Praktiken besonders folgende Dinge:

- „Mit Meister Sanchis habe ich gelernt, unser Training wirklich anzugehen, mit der gleichen Wahrhaftigkeit, mit der ich in die Arena hinausgehe. Dies macht beide Praktiken ungewöhnlich für eine Welt, in der scheinbar alles unvergänglich ist"

Und so verließ uns bei unseren Unterhaltungen auch der Begleiter nicht, der Tod.

- „Wir Toreros sind vom Tod besessen. Mit jedem Stier, den er uns schenkt, schenkt er uns Sieg, oder er nimmt uns diesen. Und der eigene Tod ist eine gute Möglichkeit".

Wie auch die Samurais mussten und müssen die Toreros Haltung vor dem Unvermeidbaren einnehmen, daher das Herausputzen der Kleidung mit Sternchen, wird man so doch zum Gegenstand des eigenen Respekts:

- „Jedes Mal wenn ich in den Zirkel hinausgehe, mache ich dies mit all meinem Sein. Ich habe mich auf diesen Augenblick vorbereitet und nichts und niemand kann mich von meinem Ziel abbringen".

Und es ist so, dass unser heutiger Lebensstil immer noch den antiken, authentischen Geschmack eines Torero in sich trägt. Ein Gesicht, das ebensogut als Modell für die Osterwoche hätte dienen können, erkennt man darin doch nicht nur Edelmut und Kühnheit desjenigen, der den Stierkampf lebt als Beruf, sondern der auch ein Attribut an die Seele leistet.

- „Stierkampf ist... etwas das man mit Worten nicht erklären kann. Bessere als ich haben das schon versucht, doch nur wer sich vor den Stier stellt, mit dem Tuch in der Hand, versteht, dass man entdeckt, dass man dafür geboren wurde".

Meister und Schüler sind außerdem Freunde. Sanchis hat eine Gruppe ins Leben gerufen, die den Schüler dorthin begleitet, wo er den Stierkampf hat. Und dann zieht er sich strahlend an und verwandelt sich in einen Meister, die Zuneigung von Sanchis ruht auf ihm und zollt ihm Respekt.

- „Ich war unter feindlichem Beschuss, ich habe meine Kameraden an meiner Seite sterben sehen, aber wenn ich sehe, wie Angel auf den Platz tritt und sich vor den Stier stellt, erkenne ich an, was für eine Tapferkeit man benötigt, um solch eine nahezu unvergleichliche Mannhaftigkeit unter Beweis zu stellen"

In einer Welt der Jugendlichkeit will man mit dem Rücken zum Tod leben, der Stier ist die Möglichkeit, seine unbefleckte, unbestechliche Kunst zu zeigen. Dadurch ist es möglich, das Leben wirklich so leben zu lernen, wie man leben will, wie man mit Stolz, Edelmut, Aufrichtigkeit und Ehrlichkeit, Tiefe und Verstand durchs Leben gehen kann.

In einer Zeit ohne Halt, ohne positive und andauernde Werte ist dies eine Möglichkeit, sich den Schwierigkeiten zu nähern, durch das Symbol des Stieres, und es in eine reine Kunst zu verwandeln. Dies ist doch das Ziel eines jeden Kriegers, oder nicht?

Und wer das Tier beweint in seinem letzten Schnauben, der sollte verstehen, dass diese edlen Tiere, wäre es nicht für die Stierkämpfe, gar nicht (mehr) existieren würden. Denn sie sind zu zäh für den Fleischkonsum, teuer in der Unterhaltung (extensivste Freilandhaltung). Sie haben das Privileg ins Erwachsenenalter zu kommen, die Begnadigung zu erlangen und nicht auf dem Platz sterben zu müssen. Denn durch ihren Edel können sie die Gunst des Publikums erringen, eine Sache, die den meisten unter uns vom großen Tao verwehrt wird.

Diese Krieger bewundernd, bleibt mir nur noch übrig, den Satz der Lakota vor der Schlacht zu erwähnen:

„Heute ist ein guter Tag zum Sterben!".

DAS WESENTLICHE DILEMMA:
ZWISCHEN GUT UND BÖSE

„Die Hölle ist voller Leute mit guten Absichten!".

Eines der ältesten Paradigmen des Menschen bezieht sich auf die Unterscheidung des Elementarsten, Gut und Böse.

Seit unendlichen Zeiten kämpfen in unseren Mythen Licht und Schatten miteinander. Die Katalogisierung der Welt und ihrer Dinge ist die Grundlage für dieses Paradigma. Ohne diese vorherige Arbeit ist es unmöglich, irgendeine Kategorisierung einzuführen, doch seit der Mensch Mensch ist, hat er diesen Prozeß mit solchem Nachdruck verfolgt, dass er es gar zum Erschaffen des Sinnes gebracht hat, und, als Konsequenz, zu dessen weitest verbreiteten Methode, der Wissenschaft. In der elementaren Form wurde das Ganze in zwei Teile gegliedert. Tag und Nacht, Licht und Schatten, waren ohne Zweifel einige grundlegende Referenzen, die diesen Prozess inspirierten. Unsere Ahnen beobachteten, dass die Beziehung zwischen beiden Situationen variabel war; die Jahreszeiten in den gemäßigten Breitengraden hatten weniger klar unterscheidbare Zyklen als in den Ländern des extremen Nordens oder Südens, wo die Nächte sechs Monate dauern. In den mittleren Zonen zählte man vier Jahreszeiten. Der Mond mit seinen Zyklen fügte den Variablen der Sonne eine besondere Note bei, dabei die Kraft der Sonne stärkend oder schwächend, was sich in den Vollmonden oder der Zeit danach wieder spiegelte. Die wichtigste Unterscheidung dürfte wohl Weiß und Schwarz gewesen sein, die sich nicht zu Grauschattierungen wandeln sollten, sondern in einen Regenbogen von Reichtum und Vielfalt – mit dem Reichtum an Flora und Fauna aus diesen Gebieten.

Doch diese Katalogisierung von sich widersprechenden Anhaltspunkten, egal ob unser Katalog reich oder arm an Vielfalt sein sollte, führt zu Paaren von sich ergänzender Gegensätze. Dies ist die Grundlage aller traditioneller Philosophien. Yin Yang, In Yo, Ahura Mazda, Mars und Venus, Sonne und Mond, sind nur einige der zahlreichen Formen dieser sich ergänzenden Teilung.

Die Prinzipien an sich spiegeln nicht mehr wieder als Prinzipien indifferenter Kräfte. Yin ist nicht besser als Yang, und auch nicht umgekehrt. Doch Gut und Böse führten eine Veränderung herbei; es handelt sich um moralische Kategorisierungen. Doch woher kommen solche Visionen, in denen ein neuer, qualitativer Faktor auftaucht?

So wie die Einteilung der gegensätzlichen Paare durch zwei Punkte geschieht, hatte der Mensch, ein lasterhafter Verwalter und Einteiler, die Möglichkeit entdeckt, noch mehr Unterscheidungen hinzuzufügen. Er erfand eine weitere Form, diese Welt noch weiter zu ordnen, indem er Stufen von hoch und tief einführte. Gegenüber der horizontalen Katalogisierung (Sonnenaufgang und Sonnenuntergang), setzte er eine Einteilung analog der eines Berges, wo das Geringere und Tiefere, das Höhere stützte. Jeder Teilbereich dieses Katalogs wies weitere Untergruppierungen auf, die einige Dinge gemein hatten. Rechts gegen Links! Oben gegen Unten! Wie man sieht, ist die alte Philosophie eher zur Sesamstrasse verkommen.

Für die Asiaten waren die Kategorisierungen immer dazu da, den Mensch im Gefüge des Ganzen und der Natur zu sehen. Daher kam es zu einem Vergleich mit dem menschlichen Körper. Hier sind die körperlichen Angelegenheiten unten, die emotionalen im Zentrum und die mentalen im oberen Bereich. Auf diese Weise setzte man fest, dass der Mensch in einer der drei Gruppierungen mehr oder weniger sein konnte bzw. existierte, auch wenn jeder dieser drei Faktoren gleichzeitig lebt.

Der moralische Bereich, wo es Gut und Böse gibt, war für die frühen Menschen ein Raum, der sich zwischen dem Gefühl und dem Geist abspielte; nicht umsonst war dies eine erhöhte Sichtweise der Welt. Über diesem Niveau gab es noch die intellektuelle Stufe, eine soziale, eine weitere ideologische und die höchste von allen, die der Sen Nin, der „Menschen der Berge" - die Stufe der freien Gedanken bzw. Urteile. Hier urteilte der Mensch nicht über die Kräfte wie in den anderen Ebenen, sondern er fügt sie in den Katalog ein, versteht ihre Funktion und Notwendigkeit als Teil des Ganzen, das keine Absicht hatte, einer universalen Ordnung, die „nichts tat, aber in der nichts ungetan blieb"; etwas sehr weit Entferntes von der Vision eines personifizierten Gottes, wie wir ihn im Okzident von der Jüdisch-Christlichen Tradition erbten. Doch selbst in diesen Traditionen lassen die Symbole keinen Platz für Zweifel. In der ersten legt sich das zum Himmel zeigende Dreieck über das, welches zur Erde zeigt, um derart den Davidstern zu erzeugen. Die Kräfte des Himmels steigen zur Erde herab und umgekehrt. Das Christliche Kreuz symbolisiert das gleiche Prinzip. Eine längere vertikale Linie (Yin) stellt dem Himmel eine kürzere Transversale (Yang), die Erde, entgegen. In beiden Fällen ist die Union beider Kräfte die Harmonisierung der Ganzheit des Seins, geteilt in zwei grundlegende Kräfte.

Das moralische Bewußtsein ist die unter den Menschen am weitest verbreitete Idee. Man bedenke, dass es sehr nützlich ist, die Gegenposition einfach in Gut und Böse zu unterteilen! Außerdem ist dieser Teil unseres Bewußtseins ständig im Austausch mit der Welt und dem Außen, wir gehen durch das Leben, uns ständig an uns selbst stärkend. „Gott schafft sie und sie vereinen sich!", sagt der bekannte Spruch. Es ist leicht zu verstehen, einfach auszuführen, und somit ein wundervolles Mittel zur Beurteilung (Verurteilung) der Welt, ohne sich den Kopf zerbrechen zu müssen; doch paradoxer Weise ist dies die Mutter vieler Leiden. Wie ist dies möglich?

Die Moral gründet sich auf dem Ausschluss des Teiles vom Ganzen. Das Gute wird angenommen, das Böse muss zur Seite geschoben werden. Doch wir wissen heute, dass alles im Universum auf eine glückliche und unbestechliche Weise miteinander verbunden ist, ein Austausch unendlichen Ausmaßes. Nichts ist entfernt und fremd, und so oft das Gute verfolgt wurde, so oft wurde Böses geschaffen, und umgekehrt.

Sowohl für den nachdenklichen Menschen als auch für den bewussten Krieger gibt es keinen einfachen Weg. Er kommt nicht umhin festzustellen, dass diese Formel der Katalogisierung der Welt und der Dinge, die am weitesten unter den Menschen verbreitet sind, ein großes Scheitern darstellt – ein gefährliches Scheitern, denn durch einige kleine Erschütterungen hier und dort.... entflammt Fanatismus und Zerstörung. Eine ausschließende Form, die, auch wenn mit guten Absichten angegangen, sich in ihr Gegenteil verwandelt, früher oder später...

PARIS BRENNT!

Ja, Paris brennt! Und mit ihr brennen ein wenig alle. Von diesen Seiten aus und für die treuesten Leser, besteht kein Zweifel gegenüber dieser Sache,, doch da der „Medienrummel" so entsetzlich ist und eine große globale Unaufmerksamkeit herrscht, so daß es scheint als müsse man nicht s anders tun als wiederholen und wiederholen, um zu sehen, ob wir diesmal die schlafenden Bewußtheiten erwecken können und dann denken wir, daß die Dinge sich schon von alleine lösen.

Die systematische Zerstörung der „Autoritäten" ist nicht von heute, sondern ein Prozeß der bereits seit langer Zeit im Gange ist, doch bei dieser neuen Version vom Fall des Römischen Reiches, ist dies immer noch ein essentieller und bedrückender Bestandteil. Die Autorität (Und man kreuzige mich für diese Affirmation!), ist eine maskuline Figur. Ich bedauere es, doch es ist eine nicht anzuzweifelnde Wahrheit, denn es ist eine biologische Realität, und keine ideologische oder intellektuelle Option. Man nicht wählen ob man Mutter ist, egal wie sehr man sich darum kümmern mag, allein die Struktur definiert die Dinge, und ich sage, daß über die Möglichkeiten und Kulturen hinaus, etwas über diese Endergebnisse entscheidet.

Der Eifer über diese Aufhebung zwischen dem Biologischen und Kulturellen ist der Grundstein vieler Übel, doch heute, nachdem viele Dinge bis zum Letzten gedrückt wurden, ist die Distanz fast nicht wieder gut zu machen; so arg sind die Dinge, und man kann alles sagen, nur nicht, daß es schön sei.

So wie ich in früheren Schriften klarstellte, ist das Lynchen des Männlichen an der Tagesordnung. Alles was nach Männlichkeit riecht, wird schnell kritisiert und abgewertet, wenn nicht gar dämonisiert.

Die funktionale Charakteristik des Männlichen ist der Sinn für Territorien. Alle Männer unserer Gattung sind gebietsbezogen (mit Ausnahme der Linkshänder), und um unser Gebiet zu verteidigen hat man uns körperliches Volumen und große Kraft gegeben. Doch – Oh, welch Zufall! – der Einsatz der Kraft ist heute nicht mehr gut angesehen, und dies in fast jedem Fall. Sogar die Idee, sich auf seinem eigenen Grund und Boden zu verteidigen ist vom Gesetz der modernen europäischen Staaten eingeschränkt, so daß es manchmal besser ist, sich ausrauben und zusammenschlagen zu lassen als sich seiner Haut zu wehren. Nein! Dies ist keinerlei Übertreibung! Werfen Sie (haben Sie Zeit und Moral dafür) einmal einen Blick auf die Rechtsprechung Ihres Landes. Ich wette mit jedem, daß sich die Haare zu

Berge stehen werden. Doch das Schlimme ist nicht das Lesen sondern das Erleben, so wie es mehr als einem meiner Freunde ergangen ist.

Die Feminisierung des globalen Denkens, des „Guten Denkens", des „Anti-Maskulinen", ist nicht feminin, sondern feministisch. Auch Frauen haben einen Sinn für Gebiete, doch sie realisieren es in ihrer „Nische". Daher verbleiben sie in der Mehrzahl der Fälle (wenn nicht das kollektive Paradigma gegen sie sein sollte) fast immer mit dem Haus bzw. der Wohnung.

Die islamisch bestimmten Gesellschaften sind maskulin und da sich die Gegensätze anziehen, kommen sie in Massen nach Europa. Natürlich integrieren sie sich nicht, und werden es auch nicht tun (mit Ausnahme einiger weniger, guter, Fälle). Zweite und dritte Generationen von Britischen Bürgern legten die Bomben in London. In Paris, ebenso. Der 11-M in Spanien, nun, dem war nicht so, es handelte sich um Menschen der „ersten Generation". Und die Integration ist ein weiblicher Wert, so wie das Territorium ein männlicher ist.

Die europäische Idee, so wie die Frankreichs, bedeutet nichts für jemanden, der sich nicht metaphysische Werte oder sonstige, schwerwiegende, Maßstäbe auflädt, und schließlich – Ach, Freunde!: Dies ist eine Sache der Ungläubigen!

Die Barbaren früherer Zeiten kamen auch nicht aus dem Nichts, sie kamen tröpfchenweise. Sie romanisierten sich, denn das Untere ernährt immer das Obere; doch dies schlug Europa in einen langen Prozeß des Rückfalls, der Rückentwicklung, einer langen Zeit der Dunkelheit, die erst mit der Zeit der Renaissance (Wiedergeburt!) endete.

All dies konnte geschehen (wie weh tut dies den Vätern der europäischen Idee), weil es eine Suprastruktur gab, welche die Angelegenheit durchbohrte: Das Christentum, und weil die Barbaren keine identische Identität mit sich führten.

Zuvor, als Glaube und als Ideologie, war das Christentum die supranationale Ordnung an sich. Heute haben wir dafür lediglich noch „das Geld", doch damit dieses fließt (Kapital ist ängstlich), fehlt es an einer Ordnung, doch die soziale Katastrophe in die wir uns begeben haben, ermöglicht dies nicht. Vermögen benötigt handwerkliche Kräfte und sowieso ein Stoßen nach oben. Ist die Aktivität kräftig und gibt es eine Nachfrage, wird die Sache so fließen, wie es die Durchlässigkeit der sozialen Schichten erlaubt. In Amerika, einer jüngeren und daher weniger strukturierten Gesellschaft, kann man in Trubel und Untergang sogar noch aufsteigen, doch in Europa, wer als Mittelständler und Spießer geboren wird, der hat es schwer, als Arbeiter zu sterben, doch gleichzeitig hat der, der am Ende der Fahnenstange steht, große Möglichkeiten aufzusteigen.

Die Pyramiden des Wachstums auf der einen und anderen Seite des Mittelmeeres sind derart verschieden, daß es kaum eine Statistik auszudrücken vermag, besser ist wohl die bildhafte Beschreibung eines Naturgesetzes, das der kommunizierenden Gefäße.

Die unterschiedlichen Pro- Kopf- Einkommen, die kulturellen Distanzen und die der Ausbildung und Erziehung helfen bei diesem Prozeß überhaupt nichts. Doch es ist sind die Sichtweisen auf beiden Seiten des Mare Nostrum, maskulin auf der einen Seite, feminin auf der anderen, welche m.E. die globalen Determinanten für den gegenwärtigen Kulturschock sind. Mit einem Europa, das unfähig ist, diese Situationen zu de-terminieren, den Zuwanderungsstrom zu limitieren, ohne Grund (man tritt nur ein mit einem Vertrag und spielt nach den Regeln) und kraftlos (etwas maskulines? Aber darüber wollen wir ja nicht sprechen!), damit ist die Schlacht bereits verloren.

Die Vorfälle an der Spanischen Grenze in Ceuta und Melilla sind ein gutes Beispiel dafür. Es waren nicht die vorbeugenden Maßnahmen der Spanischen Regierung (Soldaten ohne Patronen!) welche die Stürmungen auf die Zäune stoppten. Wie man wußte, zielten die marokkanischen Autoritäten auf Töten ab, und danach beendet sie die Arbeit gänzlich und ließen die Überlebenden in der Wüste verrecken. Doch die Lage ist, leider Gottes, bereits so. Mir verbleibt nur noch, Sun Tsu zu zitieren: „Wenn ein Tiger die Schlucht bewacht, zehntausend Hirsche kommen nicht durch".

Um zu vermeiden, daß die dinge ins Extreme geraten, gilt es, mit Weisheit zu handeln, mit Vorbeugung, doch unsere Welt und seine Paradigmen halten uns gefangen, unsere Arroganz ist derart groß, daß wir nicht einmal unser Wertesystem für unsere Zeit hinterfragt haben; jetzt gilt es, den Chirurgen zu konsultieren, damit er das Geschwür entfernt, das Schlechte, das wir durch die „Schmerzmittel" eingenommen haben, die uns derart dumm und still halten; doch auch jene Betäubung wird nicht wirken, denn im Austausch durch Geld wenden wir uns an andere um Hilfe, an solche, die noch „ganz" sind, die für uns die schmutzige Arbeit machen – auf daß wir nichts mitbekommen!

Nun, da die Büchse der Pandora geöffnet ist, schauen wir einmal zu wer der Hübsche ist, der sie schließen kann. Es wird eine Hübsche sein! Und diese Affirmation mache ich zum ersten Mal als Prophet! Denn schon seit langer Zeit hat man uns Männern in dieser Gesellschaft die Hosen ausgezogen. Erleiden der Konsequenzen!

Als Kampfkünstler, die letzte männliche Bastion, sie sie wo sie sei, haben wir folgendes zu erfüllen: Ausbilden der Unsrigen in einigen Künsten, daß man nicht darüber diskutiere ob die Kraft schlecht sei, ob wir ein Recht haben unser Territorium zu verteidigen oder nicht, welches die unveräußerlichen Rechte des Typen sind der uns angreift, über die „universale Liebenswürdigkeit aller Wesen", oder ob Ihr Gott – Oh, Ungläubiger! – weniger Wert ist. Nein. Egal welchen Stil man auch ausüben mag, unsere Künste haben eine biologische Prämisse: Es existiert das Territorium und die erste Grenze ist Ihr Körper. Als Konsequenz lehrt man Sie, diese(n) zu verteidigen.

Funakoshi sagte, daß das, was man mit seinem Körper erlerne, niemals vergessen würde. Man trainieren die Künste! Trainiert die Jugendlichen! Damit sie, nachdem wir gegangen sind und sie mit diesem Unrat und den Problemen hinterlassen haben, zumindest eine Erinnerung daran haben was es heißt, ein Mensch, und wenn nicht gar, ein Mann zu sein.

Passen Sie auf sich auf, wir sind wenige und täglich zählen wir weniger!

BUDO: DAS WESEN DES EWIGEN JAPANS

Wenn der Weg des Kriegers vor uns auftaucht, durch den Blick des ewigen Japans, ist eines der ersten Dinge das uns ergreift, eine Art Kult um die Leere.

Das erste was man uns übermittelt ist nicht die Ethik des Kriegers, es ist eher so, dass seine Ästhetik uns in Verzückung versetzt.

Der Sinn für die Schönheit der japanischen Ästhetik widersetzt sich dem Lebensstil des Westlichen Barocks.

Die Kultur des Exzesses und des Konsums steht einer Ästhetik der Zurückhaltung und der Leere gegenüber. Die Schönheit der Stille gegenüber der Sättigung der Sinne. Das Koto oder eine Orchestersymphonie. Rubens oder einige Striche von Shodo. Dies ist kein Zufall, es ist das Ergebnis einer überbevölkerten Zivilisation mit eingeschränktem Lebensraum und einem Leben vorwiegend auf Inseln.

Ordnung ist keine Wahl, sondern eine Notwendigkeit, so wie es die Sauberkeit auch ist, die Mehrzweckverwendung der leeren Räume und des Austausches zwischen diesen, mit beweglichen Wänden aus Reismaterialien gegenüber festen Wänden aus Beton. Das ist eine Schönheit, eine Ästhetik der Nüchternheit. Nur auf diese Weise konnte das japanische Volk sein hohes kulturelles und technisches Niveau erlangen.

Um die verborgene Seele zu verstehen, welche sich hinter dieser formalen Sichtweise befindet, in diesen Leeren in denen die Shoji mit den Schatten spielen, muss man einfach verstehen, dass Zurückhaltung und Mäßigung erst dadurch möglich werden. Dies ist das Ergebnis einer Sichtweise der Welt, die stark an das kriegerische Erbe angelehnt ist, an die Reste der Kultur des Samurai, die durch den Zen-Buddhismus tief verletzt wurde.

Das Mittelalter überdauerte in Japan längere Zeit als im Okzident . Die in Kasten und Rängen gegliederte Gesellschaft entwickelte sich nicht so schnell weiter wie bei uns, da sie ihren Fortschritt besonders an die Kaste der Krieger band. Erst der Fall jener Kaste ließ die Bourgeoisie der Händler emporkommen, welche das starre Klassensystem ein für alle Mal zerstörten. Und all dies geschah ohne die für den Okzident typischen Revolutionen. Die emporkommenden Klassen beschworen immer, dass sie sowohl die Ästhetik als auch die fabulöse Ethik des Samurai sich zu eigen machen und diese noch vertiefen würden, würden sie doch die Kaste der Krieger bewundern, so dass jenes Erbe in unsere heutige Zeit mit voller Lebendigkeit und Sinnhaftigkeit überliefert wurde. Die Daimio der alten

Zeiten sind heutzutage die großen Gesellschaften, und die Samurai und ihr Erbe existieren immer noch in einer Sichtweise des Lebens, das die jeweiligen Sorgen der Individuen durchdringt, so dass all dies zu einem Teil der nationalen Seele wurde.

Für die Mehrzahl von uns, die wir einen Teil dieser Kultur durch das Ausüben der Kriegskünste leben, ist Japan ein Leuchtturm, eine Referenz, die weit über das hinausgeht, was man auf dem Tatami macht. Das Japanische ist eine Zusammenfassung einer fast spirituell zu nennende kriegerischen Nachricht.

Heutzutage hat die asiatische Ästhetik und besonders der Zen ein großes Echo in vielen Künsten hervorgerufen. Architektur, Städteplanung, Innenausstattung und sogar die Musik, haben eine heftige Beeinflussung des Minimalismus und der Zen-Ästhetik erfahren. All dies läßt sich zu einem großen Teil auf die Übersättigung der Sinne und auf die Überinformation, den Druck und die Angstgefühle zurückführen, die ein modernes Leben mit sich bringen.

Der Blick ruht auf der Leere einer Teestube oder eines traditionellen Dojos; das Gehör nimmt die Stille zwischen den Arpeggio des Koto wahr; die Geschmacksnerven lernen den bitteren Tee zu schmecken; sie stimulieren sich mit dem pikanten Wasabi oder man lernt die Milde der Seide oder die Wärme der Baumwolle zu schätzen, die uns jene angenehmen und schönen Kimonos möglich machen.

Die moderne Auslegung der Kampfkünste hat einen schrittweisen Verlust dieser kulturellen Inhalte bewirkt, und ebenso eine notwendige Emanzipation von den Ursprüngen hin zu einer Universalisierung. Damit leben die Jungen, die jenen Bezug nicht kennenlernen konnten, in einer ständigen Scheidung zu dem, was durch und in die Künste transzendiert wird. Ein nicht wieder gut zu machender Schaden, der früher oder später (hat man einmal die Phase des Wettkampfes überwunden) zu einer Distanzierung der Ausübung der Künste führen wird, und, was noch viel leidvoller sein wird, zu einer kartesischen Reduzierung des Unsagbaren das in ihnen steckt, zu einer funktionalen Gleichung, um im Rahmen einiger festgesetzter Regeln zu siegen. Was bleibt bei diesem Vorschlag vom Universalen? Jenes Judo, beraubt seines wertvollen Gewandes, unterscheidet fast nichts mehr vom Tennis.

Erdteil und Inhalt sind eins in der Idee der japanischen Kultur. So sagte Mishima über sein Zuhause, dass nur das Unsichtbare japanisch sei. Und so drückt es auch jenes empfehlenswerte Buch von Michael Random aus, das den Titel trägt, Japan sei „Die Strategie des Unsichtbaren".

Ein Zusammenfinden, das bei längerer Sichtweise dazu führen könnte, dass die Ästhetik zum Anker wird, zur verschlossenen Tür, zu einer Weltsicht und einer Sensibilität, ohne die die Kampfkünste zu Waisen ohne Inhalt werden. So als ob einem die Schale des Eies serviert würde und nicht dessen Inhalt, das Eigelb und das Eiklar.

Die Ästhetik des Japanischen, die uns einnimmt, ist Lehre und Möglichkeit zugleich, um uns zu erinnern, dass nicht alles in den Kampfkünsten „effektiv" sein darf. In diesen Streitigkeiten des Existierens trifft man viel häufiger auf die Mißstände seiner selbst als auf einen Messerangriff. Heutzutage töten Verwirrung und Hektik häufiger als die Pistolen. Es zerstören mehr Druck, Unruhe, Hoffnungslosigkeit und Depression als die Soldaten. Denn sie zerstören die Seele bevor sie den Körper zerstören, der getreu ein wenig später nachfolgt, wodurch wir eine Welt voller Zombies erhalten, die Fressen, Scheißen und Ficken.

Japanische Schönheit und Ästhetik sind kein Luxus oder eine formale Etikette. Sie sind eine Zielsetzung, eine Sichtweise. Wie bei den guten Bildern, so ist es auch hier das Auge des Beobachters, der das Werk beendet und bestimmt. Sein Werk befindet sich in der Anregung anstatt der Erklärung; fühlen statt Vernunft walten zu lassen; ahnen statt vorher zu urteilen. Das Ende dieser Via ist so unbeschreiblich wie die Harmonie eines Ikebana, wie der Friede in einem japanischen Garten. Dies lernt man nicht mit Techniken, man lehrt es nicht in einem Handbuch. Es handelt sich um ein persönliches Erbe desjenigen, der jene Gabe und Meisterschaft hat, diese dorthin zu richten wohin er will, eine Kraft, die nur aus Sehnsucht nach der Ewigkeit stammen kann.

Der Weg des Kriegers hat keinerlei Ethik, sondern Ethos, einen „eigenen" Stil (Oh, Paradoxum!), aber Universal, welche es einem Menschen erlaubt, die Welt mit Kraft und Nüchternheit zu sehen und anzugehen. Wer kann das Gleiche anbieten?

WIEDERHERSTELLEN DES NATÜRLICHEN

> *„Wenn das Tao verloren geht, erscheint die Güte,*
> *wenn die Güte verloren geht, erscheint die Gerechtigkeit,*
> *wenn die Gerechtigkeit verloren geht, erscheint die Moral,*
> *wenn die Moral verloren geht, erscheint das Ritual.*
> *Das Ritual ist das Erscheinen des Glaubens und der Treue*
> *und der Beginn der Verwirrung".*
> *Lao Tse. Tao Te King*

Die Kampfkünste in ihrer höchsten Bedeutung sind keine starren Disziplinen, sondern ein Weg der Erkenntnis seiner Selbst und des Ganzen. Die spezifischen Absichten, Nützlichkeiten und Spezialisierungen die man unter ihnen finden kann, beschreiben das zuvor Gesagte. Doch mit dem Lauf der Zeit und dem Verlust des ursprünglichen Sinns, haben sie sich in ihren Formen, Modi und Inhalten vervielfältigt. Dies hat eine bewundernswerte Zunahme der Disziplinen hervorgerufen, es kamen Experten auf, Stile und Formulierungen, welche zweifelsfrei eine große kulturelle Bereicherung sind. Doch selbst der größte Reichtum ist nichts im Vergleich zum Tao. Von dort berührt uns zyklisch das Gemeinsame und es gilt, unsere Absichten zu prüfen, die wir auf dem kriegerischen Wege haben. Für diese Reise kann es keinen besseren Weggefährten geben als Lao Tse:

Wenn das Tao verloren geht, erscheint die Güte,
wenn die Güte verloren geht, erscheint die Gerechtigkeit,
wenn die Gerechtigkeit verloren geht, erscheint die Moral,
wenn die Moral verloren geht, erscheint das Ritual.
Das Ritual ist das Erscheinen des Glaubens und der Treue
und der Beginn der Verwirrung.

Die Kampfkünste in ihrer bescheidensten aber maximalen Exposition könnten ein Pfad mit dem Wiederfinden unseres Wesens sein. Das Wesen ist die direkte Verbindung mit unserem Sein und der Welt, weit über das Duale hinaus. Das ist der Pfad der ewigen Rückkehr zu unseren Ursprüngen, der Fähigkeit, die Einheit aller Dinge zu verwirklichen, ohne das Bewußtsein unseres Seins zu verlieren.

Nein. So einfach ist es nicht, sich dieser Materie zu nähern. Immer wenn wir es versuchen, streifen wir das Unerreichbare, das Unberührbare und Undefinierbare, doch gleichzeitig müßte es eigentlich sehr einfach sein. Nehmen wir als Beispiel einen Stein, der auf einen anderen Stein auftrifft.

Der springende Funken ist keine nachträglich stattfindende Handlung auf den Schlag, sondern eine gleichzeitige. Doch in unserem Geist können wir einen Schritt nach dem anderen skizzieren, wie ein Grund, der die Wirkung hervorruft. Derart die Welt ordnend, beginnen wir, die Dinge zu verzerren, deren einfache und schlichte Wahrheit zu verraten, und dies ist keine andere, als daß der Funke mit dem Aufschlagen der beiden Steine entsteht, und nicht danach. Hält unser Geist an, diesen Vorfall zu bedenken, muß er zuerst an eine Stelle gehen, um danach zu einer anderen zu gelangen und so kommen wir immer zu spät. Auf die gleiche Weise ist das Suchen in den Ergebnissen der inhärenten Güten der kriegerischen Straße an sich schon eine Voraussetzung unseren Weg hin zum Wahren und Vollständigen einzuschränken.

„Viele Wege führen nach Rom", sagt die alte Weisheit, und so könnten wir dies auch für die Kampfkünste sagen. Das wirklich Unterscheidende ist die Haltung des Neulings. Alle werden wir auf die eine oder andere Weise von der Technik und deren Ergebnissen geblendet. Das dürfte so sein, wie es Bruce Lee erzählt, das Nacheifern der taoistischen Tradition. Man bleibt dabei, mit dem Finger auf den Mond zu zeigen und verwechselt dies schließlich mit dem Mond selbst.

Das höhere Ziel der Kampfkünste ist nicht häufig sichtbar für die Augen desjenigen, der diesen Weg noch nicht wirklich vertieft hat. Doch der Impuls zu seiner Suche ist allen Wesen gemein. Daher entdecken dies die wahren Meister immer unfehlbar hinter den begierigen und wissensdurstigen Blicken ihrer neuen Schüler. Ihre wirkliche Aufgabe ist nicht das Lehren einer bloßen Technik, sondern in der Anleitung, damit sich die Schüler nicht auf den Tausenden von unwegsamen Pfaden, die von diesem Weg abzweigen, verlieren.

Man muß nicht groß sagen, daß es solche Meister nur selten gibt. Die Mehrzahl gibt lediglich ihre Sichtweise weiter, übermittelt die eigene Version, erhebt ihr Ego und ihren „Modus" zum Gipfel des Universalen, verewigt die eigenen Fehler und Anschauungen, um so die eigenen Defekte und Lücken zu befriedigen. Davon wird es einige geben, denn nur das Tao selbst (unser Gefühl für die Einheit mit dem Ganzen, bewußt, fließend, natürlich), kann unendlich alle und alles erfüllen.

Nimmt man die Kunst des Kämpfens als Weg des Wissens, ist es eher ein Weg des Loslassens als der der Anhäufung. Das Erste was man weglassen muß, ist die Arroganz. Dies hilft, die eigene Dummheit und Tolpatschigkeit zu verstehen. Wenn dies erreicht ist und der Schwarze Gürtel unsere Hüften ziert, muß man diesen Prozeß erneuern und von der Technik lassen um die

Natürlichkeit zu entdecken. Wir alle wissen, wie die selektive Pyramide eines Dojos funktioniert. Von den tausend „Weißgurten" gelangt einer zum „Schwarzgurt". Eine weniger sichtbare Auswahl beginnt danach. Unter Millionen von Schwarzgurten findet nur einer seine natürliche Bewegung, läßt das zu Beginn so schwer zu Erlernende los. So wird dieser „schwarze" Gurt wieder symbolisch zu einem „weißen".

Ist dies ein Weg für alle Welt? Die Zahlen sagen nein, doch das Tao sagt ja. Im Grunde jeden Wesens versucht man diese Einigung welche von der perfekten, natürlichen, fließenden, ökonomischen und wirksamen Handlung ausgeht; mächtig und doch anmutig. Die Ordnung sagt uns, daß nichts besser oder schlechter ist. Das Höhere ist nicht besser oder schlechter als das Untere, doch es ist, ohne Zweifel, verschieden.

Die Kampfkünste als Weg antworten auf eine universale Sehnsucht, auf einen stillen und unvermeidlichen Ruf, einer Sehnsucht nach dem Ursprünglichen, der Rückkehr nach dem Zuhause, das wir noch nie verlassen haben. Das ist das Bewußtsein des Seins, das uns um- schließt, unser Geist, der auf Feinheiten spezialisiert ist, unsere Anmaßung und unsere Weise, uns die „Brille" aufzusetzen, um die Welt zu lesen und mit ihr zu interagieren. Wer den kriegerischen Weg ohne Abweichungen geht wird sich die Brille absetzen und erkennen, daß man sie nicht braucht; doch bis man dies erkennt, vergeht Zeit, denn die Weisheit ist schon immer ein Privileg der Alten gewesen.

SKLAVEN ODER KRIEGER?

"Let us raise a standard to which the wise and honest can repair; the rest is in the hands of God" *(„Erschaffen wir ein System, dem sich die Weisen und Anständigen widmen können; alles Weitere liegt in Gottes Hand")*.
George Washington

"As I would not be a slave, so I would not be a master. This expresses my idea of democracy" *(„Man wird weder Sklave sein, noch Herrscher. Dies ist meine Idee von Demokratie")*.
Abraham Lincoln

Die Gründer der Vereinigten Staaten von Amerika kamen in die Neue Welt und träumten von Freiheit. Für sie begann Freiheit dort, wo die Verfolgung – in diesem Falle religiöser Natur – endete. Die Väter der nordamerikanischen Verfassung gingen aber noch weiter. Sie glaubten, dass die Freiheit mehr sei als ein bloßes Recht einer Person, sondern ein Medium „sine qua non", damit alles Weitere funktionieren könne. Diese Weisheit und Vision waren ihrer Vergangenheit nicht fremd, das Erbe der Tradition der Freimaurer, dessen Folgen noch heute im nordamerikanischen Leben zu sehen sind, bis hin zum Dollarschein, voller Symbole wie dem Kompaß, der Pyramide oder dem bekannten „In God we trust".

Das Problem mit der Freiheit beginnt, wenn man Regeln einführen will, damit sich eben diese Freiheit entfalten kann. Die modernen Rechtsstaaten müssen mit diesem Widerspruch häufig leben. Das Problem, dass die Regeln im Laufe der Zeit mit den Gewohnheiten wechseln. Neue Umstände und Entdeckungen wollen organisiert sein und so gibt es immer mehr geregelte Dinge und noch zu regelnde. Auf diese Weise verkümmert die Freiheit umgekehrt proportional mit dem Anschwellen der Gesetze, Dekrete, Normen, etc.... Im Lauf der Jahre entsteht ein Sammlungsprozeß. So wird die Freiheit zu einer „rara avis".

Wir sind immer mehr Menschen auf der Welt und wir Bürger lassen von Dingen ab, andere handeln für uns. Bis dahin, soweit so gut. Das heißt, dass die Demokratie mit all ihren Defekten „die glimpflichste Regierungsform ist, die der Mensch ins Leben rief". Doch die Besessenheit, alles zu regeln und zu verordnen, tötet die Freiheit und den gesunden Menschenverstand. Kleinere Dinge scheinen natürlich zu sein, sie demonstrieren, wie weit entfernt wir davon sind, wirklich frei zu sein. Ein aseptisches Beispiel dafür ist der verordnete Gebrauch des

Sicherheitsgurtes im Auto. Wer ist berechtigt, über solch eine private Frage zu entscheiden? Während ich mit meiner Handlung niemanden schädige, welches Recht steht anderen zu, mich zum Gebrauch dieses Artefaktes zu zwingen? Und noch dazu mich zu bestrafen, wenn ich es nicht tue! Bin ich der Eigentümer über meinen Körper? Oder handelt es sich nur um ein Nießbrauch, den ich von seiner „Großartigkeit" erhalte bis ich es zurückgeben muß (ich hoffe, in gutem Zustand) und bis ans Ende meiner Tage, wenn ich mich in Petroleum oder Asche verwandle, welche irgendeine Ecke des Vaterlandes bereichern wird?

Das Schlechte an diesen Dingen ist, dass sie immer am kleinen Finger beginnen… und dann die ganze Hand schnappen.

Man verstehe mich bitte richtig, den Sicherheitsgurt anzulegen stört mich nicht im Geringsten, mich stört die Überheblichkeit mit der man mich dazu verpflichtet. Jedes Mal wenn ich in ein Auto steige, ist dies eine Erinnerung an den sozialen Faschismus, der mit Riesenschritten vorangeht, eine Erinnerung an das Monster mit den tausend Armen, das sich noch dazu von uns ernährt und jedes Mal mehr meinen Raum ausfüllt und wächst und wächst und wächst.

Alles trägt in sich den Keim der Selbstzerstörung, alles trägt in sich den Gegensatz und mit Zeit und Raum wandelt sich jedes Wesen, jedes Ding zum Gegenteil. Die Demokratien sind jeden Tag mehr faschistisch und in Konsequenz weniger demokratisch. Man behält die Formen bei, doch einige Faktoren, die wir als „normal" ansehen, sind m. E., unzweifelhafte Signale eines Zykluswandels. Man sollte beachten: Die Usurpation des öffentlichen Raumes (selbst zum Parken muß man bezahlen!); systematische Destruktion der Mittelklasse (es gibt immer mehr mit weniger und weniger mit viel); Rechtsprechung des Privaten, anstatt dies in den Händen der Gesellschaft zu lassen und deren Beweglichkeit der Entscheidungen (Sicherheitsgurt im Auto; homosexuelle Ehe ja oder nein; hier Rauchen, dort nicht; Alkohol kaufen hier erlaubt, dort nicht, etc.).

Ein weiteres, nicht weniger wichtiges Symptom, ist die systematische Idiotisierung des Persönlichen. Man muss nur den Fernseher anschalten um zu sehen, was einem geboten wird und ob man bereit ist, die in den Nachrichten implizierten Botschaften zu verstehen oder nicht; und um nicht von der Erziehung zu sprechen die man gibt, deren technisierenden und spezialisierenden Tendenzen, ohne Menschlichkeit – ohne Denken zu lehren!

In diesem Rahmen wird die „kriegerische Ausbildung" immer wertvoller, doch sie muss mit Verantwortung und Wissen ausgeführt werden. Ein Lehrer der Kampfkunst ist immer etwas mehr als ein gemeiner Lehrer. Er ist ein Erzieher, ein Ausbilder. Er „spricht" zum Körper der Schüler, verwandelt diese(n) zu einer Referenz, in ein Modell, hinterläßt Verhaltensregeln, die eventuell ein Leben lang in den Schülern lebendig bleiben werden. Möglicherweise können wir die soziale Situation, denen sie sich ausgesetzt sehen, nicht verändern. Doch wir können sie ihnen lebenswerter machen durch die machtvolle Waffe der kriegerischen Lehre, einiger Leitlinien, welche den Keim echter Leidenschaft in sich tragen, durch die Redlichkeit des Geistes und durch die verantwortungsvolle Handlung.

Wir können ihnen dies anhand unseres Beispieles zeigen, die Unterschiede zwischen Positiv und Negativ; den Respekt, weshalb uns unsere Vorfahren verließen; den Wert, um jene Zukunft zu ändern, die geändert werden muss und die das Leben respektiert, zuallererst und in erster Person lehrend, wie zerbrechlich dieses Leben ist. Man kann dadurch die schwachen und die starken Seiten aufzeigen, Möglichkeiten geben, zu lernen, dass viele der Schranken, die sie als unüberwindlich ansehen, überwunden werden können und müssen. Und auch die Akzeptanz jener Schranken, die nicht überwunden werden können, denn solche gibt es und das Leben zeigt diese früher oder später; es dürfte besser sein, darauf vorbereitet zu sein.

In einer Gesellschaft, in der die Signale täglich konfuser über Positiv und Negativ anzeigen, wo die systematische „Anästhesie" der Individuen gefördert wird, wo Freiheit ein Hirngespinst ist, das sich jeden Tag weiter entfernt , sind die Kampfkünste ein Rufer in der Wüste, der mit Macht bestätigt, dass ein Mensch in seinem Leben mehr sein kann als ein schlichter und erbärmlicher Sklave.

Freiheit ist ein täglicher Kreuzzug der Eroberung, kein erhaltenes Recht; in diesem wie in allen Dingen gilt es zu wissen, es zu verdienen.

THERMOREGULATION:
DIE MÄCHTIGSTE „TECHNIK" DER WELT

*„Jede Veränderung der inneren oder äußeren
Gesundheit hat seinen Ursprung in unserer Schwäche".
Jose Maria Sanchez Barrio, aus dem Buch „Universo Polar", Editorial Eyras.*

„Durch Ihre privilegierte Situation gegenüber dieser Zeitschrift und vielen Stilen und Meister, die Sie kennengelernt haben, fragen wir Sie: Welche ist Ihrer Meinung nach die Beste aller Kampfkünste?".

Ersetzt man „die Beste" durch „die Effektivste", erhält man jene Fragen, welche die Menschen am meisten stellen ,wenn sie darauf aufmerksam werden, was ich tue.

Ich muß immer wieder erklären, dass alle Künste wertvoll und wirkungsvoll sind, und dass es keine Künste, sondern nur Künstler gibt, etc. pp…

Ich weiß, dass sie mich etwas anderes fragen, doch unter dieser Zielsetzung kann ich nicht antworten, so dass man sagen könnte, dass ich „es nicht weiß", also nicht die korrekte Antwort darauf habe… Ich glaube auch nicht, dass dies jemand wüßte. Ich bin überzeugt davon, dass jeder, der sich in einem bestimmten Stil austrainiert, diesem Stil sein Vertrauen schenkt, weswegen würde er sonst seine Zeit und Energie hineinstecken? Dies ist ohne Zweifel ein Akt der Liebe und dies habe ich schon immer respektiert.

Das könnte man auch auf die Frage nach der mächtigsten Technik der Welt anwenden. Meiner Meinung nach (und der vieler Meister, die ich kennengelernt habe), ist „Schädigen" immer viel einfacher als „Heilen", daher ist meine Antwort auf diese Frage mit einer Gesundungsübung verbunden und nicht mit einer der Zerstörung oder Schädigung. Ein weiser spanischer Spruch sagt: „Wer mit dem Vielen kann, kann mit dem Wenigen"; daher habe ich keinerlei Bedenken, meine Antwort dieser Frage zu widmen. Denn ich sehe als die mächtigste und wirkungsvollste Technik der Welt ein Werkzeug an, das von jedem benutzt werden kann zur Verbesserung seiner Gesundheit, dem inneren/äußeren Gleichgewicht und, als Konsequenz, seine kriegerischen Qualitäten: Die Thermoregulation.

D ie Thermoregulation ist eine Übung, die ich seit vielen Jahren jeden Tag ausübe. Eine Übung, die von jedem Menschen ausgeführt werden kann, um die Gesundheit zu erhalten und sogar zurückzugewinnen! Und der Geist wird offener und aufgeweckter. Der Meister (Jose Maria Sanchez Barrio), der mich diese Technik lehrte, rettete sie aus der Tradition und verfeinerte sie auf außergewöhnliche Weise. Die enorme Wirkung in körperlicher, energetischer und medizinischer Hinsicht möchte ich herausstellen.

Es ist nicht das erste Mal, dass ich dieses Thema mit den Lesern der Zeitschrift teile (und es wird nicht das letzte Mal sein!). Ich habe festgestellt, dass trotz der außergewöhnlichen Wirkung und Einfachheit die Thermoregulation ständige Wiederholung benötigt, um aufgenommen und umgesetzt werden zu können. In den epischen Zeiten der Strukturierung des Systems prägte ich einen Satz, den mein Mentor seitdem immer in seinem Unterricht wiederholte und dies wahrscheinlich immer noch tun wird:

„Um zu einem Thermoregulator zu werden, muss man von einem anderen Thermoregulator eingewiesen werden".

Da dies durch das vorliegende Medium nicht möglich ist, versuche ich meine Fähigkeiten aufzuschreiben, um Ihnen die Bedeutung und die Macht dieser Übung verständlich zu machen.

Die Macht von Feuer und Wasser

Die Thermoregulation handelt von den Elementarkräften, Feuer und Wasser, um das innere/äußere Gleichgewicht von Warmblütern, insbesondere von Menschen, wiederherzustellen. Ein Element davon ist das Wasser. Der Gebrauch des Wassers ist für unsere Spezies seit undenklichen Zeiten ein Quell der Gesundheit, und alle Kulturen haben viele verschiedene Systeme dafür entwickelt.

Wasser ist das wirksamste und häufigste Element der Übermittlung auf dem Planeten. Für die Chinesen ist Wasser, die „Energie Wasser", der Ausgangspunkt der Energiezyklen und der Formenzyklen; etwas Einleuchtendes, kommt doch das Leben selbst aus dem Wasser.

Die Natur dieser Kraft ist das „nach-unten-gehen", alles durchdringen, nicht zu widerstehen, fließen. Die entgegengesetzte Kraft ist das Feuer, dessen Natur das „nach-oben-gehen" ist, erleuchten und beschleunigen. Die Kombination dieser Kräfte ist die alles schaffende Kraft, d. h. alles Existente basiert auf Qualitäten dieser beiden ungleichen Elementarkräfte.

In Japan ist das Ofuro, das heiße Bad, mehr als eine Hygienetechnik. Die Bäder in den kalten Wasserfällen werden mit Mudras und Mantras durchgeführt, einem Bild, das für die Kampfkünstler nicht zu weit entfernt ist. Wer kennt nicht die Bäder der hinduistischen Tradition im Ganges? Ich bin sicher, dass der ein oder andere etwas von der Hydrotherapie der Yogis Ramacharaka und den vielen Übungen bzw. Kriyas gehört hat, bei denen man das Wasser auf für einen Westler undenkbare Weisen einsetzt.

Auch die christliche Tradition wird vom Wasser gezeichnet. Die ersten Gläubigen identifizierten sich mit dem Zeichen des Fisches, und ein Christ ist man ab dem Augenblick, ab dem ein „Eingeweihter" das „Heilige Wasser" über den Anwärter laufen läßt. Johannes der Täufer „weihte" Christus, indem er ihn untertauchte. Doch wie sagte schon Lao Tse: „Geht das Tao verloren, bleibt nur noch das Ritual". Das heutzutage praktizierte Ritual dürfte mit dem Original nicht allzuviel gemein haben, denn die Taufe im Jordan dürfte auch mehr als ein Ritus gewesen sein. Jesus war selbstverständlich eine herausragende Persönlichkeit mit großer Macht und großen Kräften, und solche machtvollen Menschen üben sich in machtvollen Techniken und Formeln; die Thermoregulation ist eine davon. Wer diesen Ritus auf ein Zufallsereignis oder eine Symbolik beschränken will, verachtet die Teilnehmer. „Ärzte hat die Kirche", sagt die Volksweisheit, weswegen dieses Thema von anderen, weiseren Menschen als mir, studiert werden sollte (es freut mich, Hilfestellung zu geben!). Die Juden haben eine ähnliche Tradition und sogar der Konvertit muss das Ritual durchlaufen und nackt in ein Bad steigen.

Die Techniken der Macht sind mächtig, denn sie zeigen Resultate. Seit vielen Jahren schon übe ich diese Technik aus und konnte sie unter den verschiedensten Umständen erproben und das mit exzellenten Ergebnissen. Das Ziel des Ganzen besteht besonders darin, die Temperatur unseres Organismus durch eine Übung zu regulieren, welche benannte natürliche Funktion stimuliert.

Jede Temperaturregulation im Körper wird als essentielle Aktion für das Leben angesehen und wird auf automatische Weise nach einigen Gesetzen durchgeführt, die nicht allzu komplex sind: Die Körpertemperatur darf nicht unter 35° Celsius sinken und 42° Celsius nicht übersteigen. Tausende von Mechanismen machen es möglich, dass unser Körper diesbezüglich Entscheidungen trifft.

Unser „Heizsystem" ist dem unserer Wohnungen recht ähnlich. Die Hauptverteiler sind Arterien und Venen. Sie führen einen salzhaltigen roten Stoff mit sich, der ähnlich dem Meerwasser aufgebaut ist, das Blut.

Für die Asiaten wird die Wärme durch einen Meridian (Energieleitbahn) reguliert, der mehrere Organe durchläuft und als Thermoregulator bezeichnet wird. Auf diesem Meridian liegen drei Schlüsselpunkte, bekannt als die „Drei Erwärmer". Doch ich will mich hier nicht in technische Details verlieren.

Sagen wir also vereinfacht, dass „die Wärme der Eingeweide und die Verdauung durch das Herz verteilt werden", was im Grunde der Aussage der westlichen Medizin recht nahe kommt.

Um das System zu erkalten, hat der Körper ein sehr wirksames Mittel: Die Haut. Das System erkaltet auch durch den Atem und durch Ernährung mit Flüssigkeit und fester Nahrung. Jede Körperöffnung ist ein Ausgang für die Wärme. Die Mehrzahl davon befindet sich am Kopf, dem Ort, an dem im Menschen das Niveau von Wärme, Spannung und Aktivität am größten ist. Das Nervensystem und sein Zentralrechner generieren außergewöhnliche Wärme und das Aufrechterhalten der Temperatur in dieser Zone ist kritisch und fundamental. Außerdem hat die Wärme, die Energie Feuer, die Tendenz zum Aufsteigen, so wie das Wasser hinabfließt, so dass der Kopf bestens ausgerüstet ist, die Temperatur zu regulieren. Die Chinesen sagen: „Den Kopf kühl und die Füße warm halten".

Der Hauptmechanismus der Wärmeregulierung ist der Schweiß. Andere Säugetiere, wie bspw. Bären oder Hunde, haben dieses Werkzeug nicht zur Verfügung. Daher hecheln sie regelmäßig, um ihr System abkühlen zu können. Das ist kein Scherz: Einige unserer Vorfahren scheiterten als Spezies genau deswegen, weil sie kein derartig effizientes Kühlsystem hatten. Erwärmt sich das System, kollabiert es, und das ist bei der Jagd eine entscheidende Sache, will man das Tier erbeuten und nicht selbst als dessen Mittagessen enden. Das Erfrischen des Systems mit Alternativen zur Atmung verschaffte dem kleinen Säugetier Mensch in seinem Umfeld große Vorteile. Er sollte weder der Stärkste noch der Schnellste sein, doch der Beste im Ausleiten von exzessiver Wärme.

Die brillante Lösung der Natur war das Anwenden der Feuchtigkeit der Haut. Feuchtigkeit ist analog zu Kälte zu sehen, sie intensiviert sich, und Wasser ist eines der besten Transportmittel für Wärme, die es überhaupt gibt. Treffen Wärme oder Schweiß auf eine warme Haut, entstehen kleine, aufsteigende Dampfspiralen, so dass Wärme wirksam aus dem Körper entfernt wird. Einige wenige Haare verbessern diese Sache noch, doch viele Haare erschweren dies. Dies ist mit einer der Gründe für den Haarverlust unserer Spezies. Da in unserem Körper die Wärmequellen innerer Natur sind, sind die Übungen zum Ausleiten exzessiver Hitze und dem Aufrechterhalten des Systems eine primordiale Sache für das Leben, wir nennen dies Gesundheit.

Grundlegend gesehen sind Innen und Außen zwei sich ergänzende Gegensätze. Ist ein Pol heiß, ist der andere kalt. Haben wir Fieber, die Haut fühlt sich aber kalt an, die Temperatursensoren befinden sich in der Haut und diese befindet sich im Außen.

Vom Schlüssel des Zentrums und der Peripherie aus sind die Dinge gleich. Als Kampfkünstler wissen wir, dass das Schlagzentrum, die Schwerkraft, das energetische und geometrische Zentrum (man erinnere sich an die Skizze von Leonardo da Vinci mit dem Mann mit geöffneten Armen und Beinen!) im Unterbauch liegt, dem Tan Tien bzw. Hara. Hat man Fieber, ist das Außen (Hände und Füße) kalt. Der Schlüssel „von oben nach unten" ist nichts anderes, denn Feuer ist eine aufsteigende Energie und Fieber erhitzt den Kopf, die Füße werden kalt.

Die Thermoregulation als Technik benutzt die natürlichen Körpermechanismen und bedient sich den Elementarkräften der Natur, um die Temperatur mit (und das ist nicht unwichtig!) natürlichen Methoden und Strategien im Gleichgewicht zu halten. Um dies Ziel zu erreichen, benutzen wir Thermoregulatoren. Kaltes Wasser um Wärme auszuleiten, um den Kreislauf zu stimulieren. Das gleiche System also, das die genannten Aufgaben ansonsten auf natürliche Weise erledigt.

Die Anwendung und deren „Goldene Regeln"

Kaltes Wasser ist ein mächtiges Werkzeug, und wie alle mächtigen Werkzeuge sollte man es mit Bedacht einsetzen, ansonsten erreicht man den gegenteiligen Effekt und nicht den gewünschten. Lassen wir es zu, dass Kälte ins Innere eindringt, schaffen wir genau dies, weswegen jede Technik der Thermoregulation dies vermeiden sollte. Der Körper muss auf einer gewissen Temperatur gehalten werden, und die Biologie ist machtvoll: Wo Kälte entsteht, wird Wärme (Blut) hingepumpt. Legt man Kaltes auf die Haut, pumpt der Körper Wärme in die Peripherie. Das Blut verliert an Wärme und wenn es ins Innere zurückkehrt, sinkt die Temperatur des Ganzen ab. Dies macht die Natur an sich und unser Körper gegen Fieber.

Um zu verhindern, dass Kälte ins Innere kommt, gibt es eine goldene Regel der Thermoregulation: „Niemals kaltes Wasser auf kalte Haut und niemals nach der Anwendung die Haut kalt lassen". Die gleiche sich entgegengesetzt ausdrückende Regel besagt: „Niemals heißes Wasser auf heißer Haut anwenden und niemals die Haut nach der Anwendung heiß lassen". So tun sich viele von uns keinen Gefallen, wenn sie nach dem Training (erwärmt) unter eine warme Dusche steigen!

Hippokrates, der große Vater der Medizin (heutzutage so schlecht verstanden von den Virenjägern, die seine Prinzipien verachten), sagte klar und deutlich: „Die Natur ist es, die heilt".

Seine beiden weiteren Prinzipien waren: Erstens „Nicht schädigen" und danach „reinigen". Die Thermoregulation erfüllt diese Prinzipien:

Immer wenn die Goldene Regel angewendet wird, schadet sie nicht; danach reinigt sie (von innen und außen!) und schließlich stimuliert sie und benutzt die gleichen Prozesse, welche uns die Natur zum Überleben gegeben hat.

Der korrekte Einsatz von kaltem und heißem Wasser sollte eigentlich in die erste Klasse der Grundschule aufgenommen werden. Eine Sache, die wir heute nur noch nach „unserem Geschmack" einsetzen, gerade wie es uns gefällt. Die „Geschmäcker" sind in unseren Zeiten „schwächlich und verweichlicht". Der Mißbrauch des heißen Wassers ist in aller Welt festzustellen. Und dies findet sich auch unter Kampfkünstlern wieder, auch wenn jene in der Lage sind bzw. sein sollten, Anstrengungen zu unternehmen und willensstark zu sein. Doch die meisten sind nicht in der Lage, nach dem Training eine kalte Dusche zu nehmen. Dies ist die Schwäche und das Fehlen eines Kriteriums, das ich bei der Präsentation dieses Systems vorfinde. Daher konnte ich feststellen, dass die Einweihung, wie von Johannes mit Jesus, in dieser Frage ein fast unvermeidlicher Akt ist, mit Ausnahme wenn ich sehe, dass irgendein schneidiger Krieger mit seiner Gelassenheit und Ausgeglichenheit sich an die Sache heranwagt und sie ausprobiert.

Ich könnte noch viel mehr über diese Technik schreiben, über die vielen positiven Auswirkungen und weshalb diese zustande kommen. Eines Tages werde ich dies genauer und tiefer analysieren. Doch zuvor fordere ich Sie heraus. Probieren Sie diese Technik am eigenen Leibe aus und sie werden die erste Person sein, welche die Auswirkungen wahrnehmen wird.

Ich erinnere lediglich, dass es vor der Anwendung mit kaltem Wasser nötig ist, sich zu erwärmen. Eine Kata? Ein Kampf? Ein Waldlauf? Und dann: Kalte Dusche! … Schnell abtrocknen und die Haut mit adäquater und ausreichender Kleidung bedecken. Man wiederhole dies so oft man will, doch mindestens drei Mal – doch man sei kein Scheinheiliger!

Wer aus dem Fitneßstudio oder dem Dojo geht, diese Übung zuvor gemacht hat, der wird das Prickeln auf der Haut spüren, die Augen werden leuchten, man wird Düfte so intensiv wahrnehmen wie in seiner Kindheit; wer seinen Körper nicht entspannt vorfindet, sondern kräftig und aktiv; wer sich nicht wach fühlt, lebendig und glücklich, der hat einfach einen großen Fehler begangen – oder „die angehäufte thermische Verschmutzung" ist erschreckend! Ich kenne keine mächtigere Technik für Stärkung von Körper und Geist eines Kriegers, kein noch so intensives Chi Kung, keine Kata oder

Geheimtechnik, welche mächtiger ist und solch ein Wohlgefallen verschafft. Das sich Ausliefern an die Güte der Natur mit ihrer derart intensiven inneren Massage der Elementarkräfte, nichts reicht der Thermoregulation das Wasser.

„Die Thermoregulation als Technik benutzt die natürlichen Körpermechanismen und bedient sich den Elementarkräften der Natur, um die Temperatur mit (und das ist nicht unwichtig!) natürlichen Methoden und Strategien im Gleichgewicht zu halten"

GESELLSCHAFT, VERBINDUNGEN, STILE UND KAMPFKÜNSTE

„Der Weise sagt nicht alles was er denkt, aber er bedenkt alles was er sagt".
Aristotele

Es sind viele Freunde, welche die Leitartikel dieser Zeitschrift lesen. In nicht wenigen Briefen empfahl man mir, die Typographie meines Texters zu erweitern.

Man beachte, dass sie nicht sagten: „Alfredo, du schreibst zu viel!". Sondern: „Warum fügst Du Deinem Leitartikel nicht noch eine Seite hinzu. … Deine einzelnen Editionen sind schon so dicht beschrieben, dass man nicht nur den Geist anstrengen muss, sondern auch noch die Augen". Um mich mit ihnen zu solidarisieren (auch ich benötige eine Lesebrille), bin ich dieser Bitte schließlich gefolgt. An dieser Stelle möchte ich mich bei Ihnen allen bedanken, bei den Lesern, den Freunden und Bekannten und auch den Unbekannten, die mir über E-Mail ihre Meinungen mitteilen oder die ich auf meinen Reisen um die Welt auf den Zusammenkünften treffe. Ich danke Ihnen/Euch allen für die Unterstützung und Sympathie. Herzlichen Dank.

Nachdem ich in dieser Zeitschrift seit 17 Jahren die Leitartikel verfasse und in zahlreiche Sprachen übersetzen lasse, ist einer unserer ursprünglichsten und sehnsüchtigsten Wünsche, sich zunehmend zu verbessern. Es ist eine transnationale Gemeinschaft von Studenten und Liebhabern der Kampfkünste aufgetaucht, welche einen gemeinsamen Nenner haben, die neugierig sind und Wissen, Neuheiten und Interessen anhand dieses Magazins austauschen wollen, das sich Kampfkunst International nennt.

Dies ist ein Präzedenzfall im Rahmen der disziplinären Künste und markiert m. E. einen Meilenstein in der Globalisierung all unserer gemeinsamen Interessen.

Zeitschriften und ihr Einfluss in der jüngeren Geschichte der Kampfkünste

Die 70er und 80er Jahre des vergangenen Jahrhunderts sahen die amerikanische Revolution, wie sie die asiatische Tradition in Frage stellte, sich täglich mehr der Wirklichkeit annäherte und sinykretische Künste und Systeme entwickelte. Dies war das Goldene Zeitalter der Kampfkunstzeitschriften in den USA. Bruce Lee, Chuck Norris, Ed Parker,

Ninjutsu, Full Contact... die Verkaufszahlen waren phantastisch! Die Kampfkünste überschwemmten alles! In Europa gab es einige wenige Glückliche, welche jene Zeitschriften lasen und sich auf den neuesten Stand brachten. In Frankreich gab Bushido den Ton an, und auch wenn diese Zeitschrift lediglich auf Französisch erschien, war sie in Europa doch eine Referenz. Andere Zeitschriften, immer rein national begrenzt, informierten uns über Neuheiten und Meister, immer zwei Schritte hinter der nordamerikanischen Revolution.

Als wir die Nummer 1 von Cinturon Negro (spanische Ausgabe von Kampfkunst International) herausgaben, spürten wir, dass etwas Großes dabei war sich zu regen. Es sollte nicht lange dauern, bis wir die universale Ausrichtung unseres Projektes bemerkten, und mit viel Anstrengung und noch mehr begangenen (und sicherlich noch zu begehenden) Fehlern, setzten wir die ersten Versionen in andere Sprachen um. Die Portugiesische Version war der erste Schritt. Danach folgte die Edition für Frankreich, später für Italien, und unser nächstes Projekt hieß „*Kampfkunst International*" für den deutschsprachigen Markt. Später sollte die britische Ausgabe „*Black Belt UK*" folgen und dann ließen wir uns in den USA und Kanada nieder, mit „*Budo International America*". Einige unserer Freunde, die bereits in Ländern wie der Tschechei oder Griechenland tätig waren, nahmen einen Großteil unserer Artikel als Hauptpfeiler für ihre jeweilige Ausgabe und, natürlich, dürfen wir dabei nicht jenen unerreichbaren Abenteurer vergessen, unseren Freund Zoran Rebac, der sich unmittelbar nach Ende des Balkankonfliktes mit einer Edition für Kroatien vorwagte, einer Gegend, in der *Kampfkunst International* heutzutage Marktführer und erste Adresse ist.

In all diesen Jahren haben wir viel Neues auf dem Sektor gebracht. Wir waren die Ersten in Europa, die einen Gracie auf die Titelseite brachten, ihm den Platz eingeräumt, den diese Familie sich später in der Welt erobern sollte. Das Vale Tudo fand sich bei uns in den ersten Reihen wieder, als noch niemand wusste, um was es sich dabei handelte. Wir waren die Ersten, die den Wert der Kampfkünste für den Sicherheitssektor erkannten und publizierten, als noch niemand darauf einen Heller setzte. Wir haben das Kyusho Jitsu aus der Vergessenheit geholt und die Werte unserer Zeit offengelegt: das Informieren und Wiederentdecken antiker und ethnischer, fast völlig unbekannter Kampfkünste, welche dadurch heutzutage nicht mehr unter den Profis dieser Welt wegzudenken ist.

Was mich aber am meisten an dieser Entwicklung befriedigt ist, dass wir durch unsere Arbeit einen höheren Qualitätsmaßstab setzen konnten. Die

Zeitschriften wurden in diesen Jahren wesentlich besser, so dass wir sagen können, dass unser Druck nicht umsonst war und sich auch die Produkte der Kollegen verbesserten. Unsere Zeitschrift fügte immer mehr Seiten hinzuzu, mehr Farben, besseres Papier und Bindetechnik; der Respekt vor dem Kunden hat dem Leser bessere Texte bescheren können, nicht wie früher, als man mitten im Artikel unterbrach und auf Seite 191 der nächsten Ausgabe verwies usw. Wir fügten neue Inhalte hinzu, betrachteten die Dinge aus anderen Blickwinkeln und stellten eine audiovisuelle Referenz in Sachen Video bzw. DVD vor, immer mit dem Bestreben von mehr Qualität und Information.

Die „kämpferischen Geschäfte"

Die Welt des Kampfes hat sich verändert. Wir haben dies zugelassen, doch die Unternehmen des Sektors haben an diesem Wachstum nur selten teilgenommen. Die meisten verbleiben in ihrem bevorzugten Markt, und nur wenige löbliche Ausnahmen in Europa (JUTE Sport in Italien mit dem Kauf von Sportimex in Deutschland, Fuji Mae in Spanien mit seinem erweiterten Geschäftsbereich in Frankreich und Belgien) können genannt werden; die meisten haben die Grenzen ihres traditionellen Marktes nicht übersprungen.

Die großen Franchiseunternehmen wie Adidas, gewinnen auf dem Sektor immer mehr an Einfluß, doch auch sie mussten Tiefschläge und Restrukturierungen hinnehmen, welche die Schnelligkeit ihrer Ausbreitung verlangsamte. Es ist wahr, dass bei einer ungewissen Zukunft des laufenden Geschäftsjahres immer wieder Entscheidungen gefällt werden müssen, um das Projekt aufrecht zu erhalten. Andere namhafte Marken ignorieren den Sektor der Kampfkünste noch immer.

Amerika in der Krise?

Wir alle wollen einen starken, erfolgreichen Sektor. Doch es gibt immer wieder Dinge, die wir nicht aus den Augen lassen dürfen. Die Distribution von Zeitschriften ist in Amerika unserer Tage kein leichtes Unterfangen, und selbst namhafte Zeitschriften, Ikonen der Szene, verkaufen lächerliche Auflagenzahlen von Kopien, wenn man dies einmal mit dem dynamischen Markt Europa vergleicht. Als Beweis dafür können die Veränderungen in der Szene herangezogen werden, die seit unserem Erscheinen in Amerika vollzogen wurden, wechseln berühmte Zeitschriften doch ständig den

Besitzer. Selbst mir wurde hin und wieder der Kauf einer solchen angeboten! Im amerikanischen Sektor findet eine heftige Trennung und eine Atomisierung eines einst so mächtigen und geeinten Marktes statt. Einige glauben, dass die Antwort in mehr „Grappling" liegt oder in einer größeren „Spezialisierung", doch sie irren sich; die Antwort ist in „mehr Geschlossenheit" zu finden und „mehr Qualität". Zumindest können wir dies bestätigen, sehen wir die mittel- und langfristige Entwicklung unserer Ausgabe von Budo International für Amerika.

Die Disziplinen

Bis vor wenigen Jahren war Kampfkunst das Synonym für Judo, Karate und Taekwondo. Die Chinesischen Künste brauchten länger, um im Westen anzukommen, und die meisten von uns kannten sie lediglich durch die Serie Kung Fu. Doch in den letzten Jahrzehnten wurden nicht nur immer „neue" traditionelle Stile bekannt, sondern es wurden innovative Systeme ins Leben gerufen, was zu einer Dynamisierung des Marktes führte, zu mehr Konkurrenz, so dass die Laien der Materie immer neue Informationen bekamen. Ein Bereich der internen Kampfkünste, wie Tai Chi oder Chi Kung, haben ganze Menschenmassen in ihren Bann gezogen und besonders einen Bereich, der bisher von vielen Kampfkünstlern übersehen worden war: Der dritte Lebensabschnitt. Einen entgegengesetzten Standpunkt haben die MMA und der sogenannte realistische Kampf des Vale-Tudo, der einen neuen Berufsstand professioneller Kämpfer aus der Taufe heben konnte. Der Bereich des Spektakels hat nicht aufgehört zu wachsen, und Kickboxen ist im Rahmen von K-1 immer noch ein Kassenschlager. Doch die Massenmedien in Europa trauen sich an dieses Thema immer noch nicht recht heran, fragen sich doch viele immer noch, ob Boxen ein Sport oder eine Aktivität für prügelnde Hohlköpfe sei, etwas, was in den USA noch nie so war, gilt Boxen doch seit je her als millionenschweres Geschäft. Nur Großbritannien hält in Europa die kriegerische Tradition aufrecht und erleichtert jenen neuen Wettkampfformen den Zutritt zum Markt. Auch Holland ist dabei sehr aktiv und ist zur Wiege von erstklassigem Thai- und Kickboxen in Europa geworden. Daher war der Einstieg jener neuen Ideen dort einfacher, während das restliche Europa immer noch eine moralische Zensur auferlegt, was einen klaren Hemmschuh für deren weitere Entwicklung darstellt. Italien scheint hierfür in Europa eines der wenigen Länder zu sein, in denen Kickboxen groß geschrieben wird.

Doch die große Kornkammer der Kampfkünste ist immer noch deren Ausführung als Kunst oder als Sport. Diese Angelegenheit analysierte ich vor einiger Zeit eingehender in einem anderen Leitartikel, wo ich beide Seiten der Medaille verglich, der beiden entgegengesetzten Modelle Frankreich und USA. Beim einen schreitet der Staat ein, beim anderen ist totaler Liberalismus angesagt. Europa erlebt eine Spezialisierung wie noch nie zuvor. Die Nationalmannschaften der Weltmächte des Karate, Judo und Taekwondo verfügen über Vollprofis, ausgebildete Trainer, hochqualitativer Einrichtungen, internationale Ligen, etc. Die Mehrheit trainiert immer noch in ihren Sportklubs und oftmals interessiert man sich dort nicht für den Wettkampf. Gruppen um die Person eines Meisters sind nicht selten und man definiert sich über Unterschiede bezüglich Techniken oder Formen. Judo ist immer noch „Judo", einzigartig und monolithisch, immer seltener in Sportstudios und immer häufiger an Schulen oder Universitäten zu finden, ausgerüstet mit einer Elite von Wettkämpfern in Ländern wie Frankreich oder Großbritannien. Taekwondo hat die Schwierigkeiten überstanden, welche durch den verstorbenen Gründer selbst hervorgerufen wurden. Man hat sich zumindest in Europa freigeschwommen und auf Poomse und eine Systematisierung der WTF gesetzt. In Amerika befindet sich das TKD im selben Zustand wie in Europa noch vor einigen Jahren. Es scharen sich Schüler um einen Meister und der Erfolg gründet auf dessen Führerschaft, wie im Falle von John Ree. Doch das TKD hat, vielleicht durch die vielen Einwanderer aus Korea, in Nordamerika eine eigene Dynamik. Europa hat diesbezüglich keine so klare Homogenisierung von Organisationen, und dies liegt daran, dass sich noch nicht alle nationalen Verbände von den koreanischen Einflüssen freigeschwommen haben. Es handelt sich hier nicht um „Rassismus", sondern um Manieren. Die alten Manieren waren viel einseitiger, festgelegter und funktionierten, als die Gruppierungen klein waren und die Anführer stark. Doch wie die Raupe des Schmetterlings in der Metamorphose stirbt, so müssen auch jene anfänglichen Formen sterben, um den Zustand des „Fliegens" zu erlangen. Spanien ist dafür ein bewundernswertes Beispiel, arbeitet der neue Präsident doch zielstrebig an einer solchen Entwicklung, damit diese Kampfkunst und dieser Kampfsport den Platz erreicht, der ihnen zusteht.

Die kleinen und mittleren Organisationen sind am wachsen. Sie bieten oftmals eine wesentlich größere Aufmerksamkeit und personenbezogene Arbeit an, welche die Kundschaft in ihren Bann zieht. Einige haben in den letzten Jahrzehnten wahre Meilensteine verwirklicht und Geschichte geschrieben, wie sie der Sektor zuvor noch nicht erlebt hat. In diesem Fall darf man das Beispiel des WingTsun nicht vergessen und dessen großen Künstler und Urheber Keith Kernspecht mit seinem herausragenden Schüler Sifu Victor Gutierrez, welche mit unglaublicher Geschwindigkeit und Intensität einen Stil in vielen Ländern verbreitet haben. Trotz organisatorischer Trennungen im Schoß der EWTO, sind oder waren alle, die den Sektor in Europa beherrschen, Schüler von „Kaiser" Kernspecht, dem man niemals seine Vision und seinen Scharfblick leugnen kann, hat er doch den unvergleichlichen Erfolg eines Stiles aus China im Okzident verwirklicht.

Stile, die auf der Selbstverteidigung basieren, haben seit dem 11.Sept. an Zulauf gewonnen, ebenso durch die sozialen Spannungen, welche das neue Jahrtausend mit sich bringt. Einige davon haben ihren eigenen neuen Stempel, andere haben eine lange Tradition, und Menschen mit großartigem Wissen und anerkannten Fähigkeiten verhelfen uns zu innovativen Formeln. Beispiele dafür sind die „Realitätsnahen Kampfkünste Jim Wagner", Krav Maga und die Saga der Kampfkünste Israels, einem ständig im Konflikt lebenden Land, das nun durch einige seiner Experten wie Avi Nardia oder Moni Aizik bekannt wird.

Kajukenbo, Kenpo und andere Kampfkünste mit realem Kontakt ziehen immer wieder neue Schüler an, verfügen jene Stile doch über charismatische Anführer, welche neuartige Sichtweisen einführen.

Klassische Stile wie das Jiu-Jitsu erleben eine Wiedergeburt, und dies durch Gracie, auch wenn man immer noch nicht viele Bereiche der Bevölkerung ansprechen konnte. Durch die Geschichte von Vale-Tudo und Jiu-Jitsu, was sich aber glücklicherweise immer mehr ändert durch die Arbeit von Leuten wie GM Mansur oder die Gebrüder Machado, welche das JJ immer mehr als Kunst des Kampfes und als Sport verbreiten und nicht als extreme Kampfesform. Auch andere große Namen haben dem Sektor Europa die Augen für das Thema Jiu-Jitsu öffnen können, wie GM Surace in Frankreich oder Bryan Cheek in Großbritannien.

Natürlich können hier nicht alle aufgezählt werden, doch es handelt sich ja auch lediglich um eine zusammenfassende Analyse der Evolution der Kampfkünste. Unsere Aufgabe als Medium der Kommunikation war und ist es, die lebendigen Kräfte des Sektors zusammen zu bringen, aber auch das Präsentieren und Repräsentieren des Sektors vor der Gesellschaft. Auf irgendeine Weise sind wir Ihr „Schaufenster", welches die Außenstehenden, die Nicht-Kampfkünstler aber auch die Teilnehmer des Sektors betrachten. Und diese Verantwortung sollte man nicht auf die leichte Schulter nehmen. Können wir der Präsentation unseres Sektors eine gewisse Form verleihen, gereicht dies letztlich allen Beteiligten zum Vorteil, sowohl Schülern und Organisationen bzw. Organisatoren und Unternehmen, deren ganze Arbeit sich darum dreht, was die Menschen weiterhin positiv entwickeln läßt: Kampfkünste.

Ich danke Ihnen für Ihre Unterstützung, damit wir unsere Arbeit weiterführen können. Ihre Meinung interessiert uns sehr und die Verkaufszahlen jeden Monat beweisen dies. Danke.

VOLLNARKOSE

„Fallen ist erlaubt. Aufstehen ist Pflicht".
Russisches Sprichwort

Dies scheint die Verordnung der Natur zu sein in den tumultartigen, apokalyptischen Zeiten des Kali Yuga. Die generelle Abstumpfung hat eine Vielzahl von Seiten, adoptiert die verschiedensten Strategien, doch ist sie immer eine Konstante dort, wo jemand seinen Blick hinrichtet.

Es scheint, daß alles im „All" übereingekommen ist, daß eine Spezis mit mitleidiger einheitlicher Einstellung, einer Art körperlicher und geistiger Euthanasie, die Menschheit an sich beeinflussen darf. Natürlich, wie wenig betrifft uns doch eine Angelegenheit, die von außen kommt, wir erscheinen bestrebt, bereit, mit ihr zu kollaborieren.

Sehen wir einige Beispiele: Der Konsum von Psychopharmaka in den modernen Gesellschaften hat sich mehr als verdoppelt, begleitet von einem ebensolchen Anstieg der Geisteskrankheiten. Sogar jener Prozentsatz derjenigen Fälle, die kurz davor sind, zu den gesellschaftlich gefährdenden zu zählen, oder zu den „medizinisch verordneten", einige mehr als zweifelhafte Grundlagen beibehaltend, um als geistig gesund bezeichnet zu werden. Abhängige von Valium und dessen Varianten, andere von Schlaftabletten, nur so weit weg sein wie möglich von einer Realität, die nicht ins Bild paßt, adäquat verdaut und verarbeitet werden kann.

Krankheiten neuen Stempels wie Autismus, Parkinson, Alzheimer oder die Verrückten Kühe greifen direkt den Zentralcomputer an, die Individuen strukturell unfähig machend. All dies in einem Kontext der einige gleiche Charakteristiken beisteuert: Die Entbindung von und die Unfähigkeit mit einem als feindlich angesehen Medium, zu kommunizieren. Doch ist die Natur heute feindseliger als früher oder sind wir schwächer geworden?

Es gibt keinen Zweifel, daß die Erde in einen Ablauf der Erhitzung eingetaucht ist, und dies bedeutet Beschleunigung. Die Zeit scheint sich zu verdichten und als Folge wird alles immer schneller und schneller. Es gibt ein generelles Gefühl von Druck; Zeit scheint immer knapper zu sein, und dies jeden Tag mehr. Heutzutage verarbeiten wir wesentlich mehr Information als früher, so viel wie in den Zeiten unserer Großväter in einem Jahr. Diese „Neuerwärmung" der „Hirnhaut" ist teilweise verantwortlich für diese Situation, doch es ist weniger die fehlende Kraft unsererseits als Mensch, der wir immer mehr abhängig von unseren Privilegien sind, viele von ihnen Töchter der Bequemlichkeit, eines Herrschers, viel grausamer als wir uns es je hätten vorstellen können.

Diese Disposition läßt nicht mir Ergebnissen auf sich warten in Form neuer Ideologien, allesamt weich, sentimental und mitleidsvoll, doch nur aus der Reflektion des eigenen Gefühls heraus, Opfer zu sein, oder mit anderen Worten, Beute. Wir Menschen waren bewundernswerte Jäger, doch wie es scheint, geht uns der Sprit aus...

Ich sage nicht, daß diese Konstanten annulliert werden könnten, ich bin auch nicht so sehr Optimist, daß ich annehme, daß die Situation wieder umgekehrt werden könnte. Ich richte mich lediglich an die Individuen mit genügend Energie und Entschlossenheit, um die adäquaten Rezepte in ihrem Leben anzuwenden und in einer Anstrengung von Adaption dieses Leben wahrhafter zu leben, damit dies als leuchtendes und positives Beispiel anderen vorangeht. Im Persönlichen kann man dem Zustand der Dinge entgegentreten, doch benötigt dies eine ständige, entschlossene Bewußtheit und Arbeit an sich selbst.

In der Gemeinschaft der Kampfkünstler gibt es einige Konstanten, die unabdinglich sind, um diese Arbeit, das Ausführen der disziplinären Künste, durchzuführen, dies beinhaltet auch eine andere Sicht der Dinge und der Welt, über den weichen, modegeistigen Diskurs und miserabler Ideologien hinaus, die den Geist der meisten Menschen in Besitz nehmen. Was letztlich zählt ist ein gesteuerte Anstrengung und daß diese einen Raum der Konfrontation findet anstelle eines Raumes der Bequemlichkeit.

Der Krieg macht den Krieger, er gibt ihm seinen Gemütszustand, den Antrieb, und auch wenn der Adept noch nicht aus dem „Schlaf" der Allgemeinheit erwacht sein mag, in der man in der Welt von Bambi lebt, so kennt zumindest doch der „Körper" die wahren Dinge, die eine Lehre der Kampfkünste mit sich führt. Allein die Tatsache, sich die Frage zu stellen, ob man Kämpfer oder Beute sein will, steuert bereits eine andere Sichtweise bei. Eine Perspektive des NICHT-OPFERS.

Das mag wenig erscheinen, ist aber substantiell und die hervorgerufenen Veränderungen sind tiefgreifend, wenn ein Student in der Lage ist, alle Konsequenzen aus seiner Selbst zu ziehen und diese mit anderen Aspekten seines Lebens zu extrapolieren. Dadurch, daß er sich in die Stellung „Nicht-Opfer" bringt, übernimmt er zum ersten Mal Verantwortung für sein Schicksal. Ist diese Richtung dauerhaft, ist eine Wandlung der Einstellung nur eine natürliche und mächtige Folge. Wer Verantwortung für sich übernimmt, gibt nicht mehr den anderen die Schuld; wer sich stark fühlt, muß nicht angreifen; aus einer Machtposition heraus andere zu verurteilen, ist nicht mehr so einfach, und wer einmal grundlegende Erfahrungen in den Kampfkünsten gemacht hat, wie Schmerz und Niederlage, der wird die viele der Methoden und Formen des Zusammenlebens mit Seinesgleichen in Frage stellen.

Die Fähigkeit zur Verpflichtung, um den Schwarzgurt in jeglichem Stil zu erlangen, benötigt Entschlossenheit auf lange Sicht und eine Anstrengung ohne Vergleich. Das Übernehmen von Verantwortung beinhaltet, daß Sätze mit Dingen wie „Na ja, …" oder solche die mit „Aber…" beginnen, aus dem Sprachschatz gestrichen werden.

Verpflichtung wird immer seltener unter den Menschen und die Fähigkeit, darin aufzugehen noch seltener. Alles ist vergänglich und wechselhaft wie eine Wetterfahne im Wind. Alles ist Mode, alles ist konditional. Der Hedonismus, in diesem Kontext, kann aufhören eine Tugend zu sein, um zum Gefängnis der Leichtgläubigen zu werden und zur Geißel der Unaufmerksamen.

Die Idee, wir seien eine Art Unsterbliche, die felsenfest durch verschiedenste Medien in unseren Köpfen verankert wurde, hilft hier absolut nicht. Man verneint den Tod ab, wir versuchen ihn in unseren Gesellschaften zu verstecken, so wie wir es mit den Alten machen, die wir jetzt mit dem Euphemismus „Drittes Lebensalter" bezeichnen. Man muß in einer ewigen Jugend leben, einer erzwungenen Jugend und in vielen ihrer unbilligen Werte. Die Wissenschaft steht all dem zu Diensten, mit Schönheitschirurgie, Haarfärben und vielen anderen pathetischen Beweisen der Unfähigkeit des Erhaltes oder gar Erlangens von Schönheit in einem schnellen, hektischen Leben, und Leben auf der Überholspur, das wissen wir alle, hinterläßt ihre Spuren auf unseren Gesichtern und in unserem Körper.

Durch fehlendes Bewußtsein der Endlichkeit verlängern wir die Wandel und bekämpfen diese sogar verbittert; Wandel, die wir bewußt unterstützen sollten, um ein gelungenes Leben zu Leben, ein Leben voll persönlichen Wachstums und Augenblicke der Fülle und Reichtums. Ein Leben das nicht die Wandel an sich vertiefen kann, ein Wandel entsteht immer durch Zyklen, normalerweise gut differenziert, und jeder Zyklus muß gelebt werden, jeder einzelne mit seinem eigenen Gemüt und seinen Schlüsselaufgaben.

Das unendliche Angebot der verpackten „Glücklichkeit" ist immer wie ein Ergebnis des Verbrauchs von Gütern, konstante Veräußerung, denn niemals können alle Launen befriedigt werden, egal wieviel man verdient, , egal wieviel man besitzt. Selbst wenn man sich „alles" kaufen könnte, hätte man nicht die Zeit dazu, alles zu genießen. Das ist wie das Hamsterrad, und das Schlechte daran ist, auch wenn man gewinnt… man bleibt immer noch ein Hamster. Glück, sagte mein Großvater, ist das Wissen, sich Begnügen zu können. Wie seltsam erscheinen seine Worte heute, in der Zeit globalen Denkens der Gruppe Menschheit!

Mit diesem Zustand der Dinge hat der bewußte Krieger nur die eine Möglichkeit, immer auf Kriegsfuß zu bleiben, immer aufmerksam zu sein, damit er nicht von einer der Tausend Tretminen zerstört wird, die auf dem Weg versteckt sind. Das Training und sein Gegensatz, die Betrachtung des Sinns, sind Waffen, mit denen wir uns diesem Zustand der Dinge stellen können. Dabei dürfen wir nie vergessen, daß alles ein Produkt der Mittel ist, in der es entwickelt wird, und die heutige Umwelt ist, wie sie ist.

Anstatt uns vor der Situation zu beugen liegt es in unseren Händen, mit Wahrheit gegen die Lügen zu kämpfen. Das Dojo, wörtlich „der Ort des Erwachens", ist für diese Aufgabe ein Verbündeter. Durch das Wechseln der Kleidung lassen wir los vom Alltag, unterbrechen die Verbindung zu diesem, wir treten in einen heiligen Raum ein, in dem unsere Psyche keine ihrer magischen Aspekte projizieren kann. Die Vernunft erhebt sich tyrannisch, als einziger Weg der „Wahrheit", doch es ist wahr, daß diese universale Wahrheit von vorgestern stammt und jetzt nur noch in einer versteckten Nische des menschlichen Geistes zu finden ist. Wir benötigen einen göttlichen Raum für die Realisierung, einen magischen Raum, einen Punkt, an dem die Schwelle des Alltäglichen durchdrungen wird und sich in den Vorraum des Heiligen, des Mysteriösen, des Ungreifbaren, wandelt, woher alle Macht stammt. Der Zen nennt es Leere, für die Religiösen ist es Gott; in jeder Ausdrucksform, in jedem Falle, benötigt der Mensch, diesen Raum mit seiner „Gleichheit" zu füllen, denn dies gehört zu seiner grundlegenden Natur. Fehlende Berücksichtigung und Richtungsweisung dieses Quadranten der menschlichen Seele, des totalen Seins, endet mit dem Ruf nach der Verrücktheit, denn das Unaussprechliche dringt ins das Alltägliche ein und verwirrt die Orte des einzelnen. „Für Gott, was Gottes ist; dem Cesar, was des Cesars ist". Diese Kohabitation zwischen dem Sein, das Jesus vorschlug, benötigt in diesem Zustand der Dinge einen anderen und sehr pragmatischen Sinn. Dis sind Animus und Anima von Jung, das Unbekannte und das Unmögliche des Wissens von Castaneda, der quantische Quell des Mysteriums der modernen Wissenschaft.

Der Platz des heiligen im Kriegerischen ist kein leeres Ritual, und auch nichts Altes das entbehrlich ist. Solche Vermutungen sind einer Gesellschaft der jugendlichen Werte sehr eigen, wo alles Moderne gut ist und die Tradition per Definition schlecht.

Mit dieser dummen Einstellung werden die größten Fehlschritte gemacht, die nur noch vom Fanatismus einzuholen sind, übrigens eine weitere andauernde Geisteskrankheit der Menschheit. Vor der Alternative des Mysteriums, verkrallt sich der Fanatiker in seine „Glaubenansichten", um das Mysterium von Leben und Tod anzugehen, bis zu einem Punkt, an dem er bereit ist, dafür zu Töten oder zu Sterben; so groß ist seine Angst. Eine ausgemachte Dummheit und eine absolute Umkehrung der Begriffe, denn diese waren gedacht, um dem Menschen zu dienen und nicht umgekehrt. Der Fanatiker, vom Lateinischen „fanum" (Tempel, Kirche), schließt seine Wahrheit in vier Wänden ein und wiederholt diese ewige Litanei in der Hoffnung, daß sie dadurch wahrer wird. Nein, dies ist nun wirklich nicht der Weg des bewußten Kriegers, der, anstatt sich anderen aufzuzwingen und über sie zu stellen, sich aufmacht, die Wahrheit in sich selbst zu finden.

Fanatismus ist ein Kind der Angst. Einer Angst, die den Fanatiker die Flucht nach hinten antreten läßt, er verbeißt sich in seine Kleinlichkeiten, seine Goldenen Kälber verehrend. Für einen Krieger ist Angst der unerschöpfliche Treibstoff auf seinem Weg hin zur Wahrheit; eine stimulierende Herausforderung, eine scharfe Brise, die es nicht zuläßt, daß man sich auf seinen Lorbeeren ausruht, die einen wach hält während der Feind uns auflauert. Don Juan hielt seinen Adepten Carlos Castaneda wachsam, mit Sätzen wie „Dreh dich schnell auf deine linke Seite und du kannst deinen eigenen Tod sehen" oder „Der Tod ist der beste Ratgeber des Kriegers". Doch da wir den Tod in unserer Alltäglichkeit ausgeschlossen haben und er seinen Rolle als Ratgeber nicht mehr spielen kann, werden die Dinge viel schwieriger. Überzeugt davon, wenn wir nicht an den Tod denken, seine Evidenz zu leugnen verlieren wir damit das einzig Positive, das er uns beisteuern kann, die kontinuierliche Co-Aktion, die Dringlichkeit und Mahnung zu Leben im Hier und Jetzt, so wie der Poet sagte: „Mit der Intensität eines Sterbenden und der Abneigung eines Unsterblichen". Der Kampfkünstler hat sich seiner Angst in vielen Spielformen zu stellen. Die Angst vor Schmerz, Lächerlichkeit, Niederlage, vor der eigenen Unfähigkeit, etc. Und er tut dies auf wirksame Weise mit seinem Körper, mit seinem Gefühl und mit seinem Geist, um durch die Praxis die Angst anzugehen. Da die Kampfkünste eine praktische Angelegenheit sind verhindern sie, daß die Sache verwässert wird und sich in einer reinen metaphysischen Spekulation verliert. Es wird immer eine Angriffstechnik geben der man begegnen muß, eine Meidbewegung, etwas, das am Ende tangibel ist. Diese Form, das Materielle zu bringen, in körperlicher Hinsicht, verschafft den Kampfkünsten einen großen Vorteil über andere Techniken der Transzendenz: Die Zuverlässigkeit des Überprüften ist eine große Hilfe vor diesem Mysterium, denn dieses pflegt hinter jeder Sache zu stecken und anzugreifen, und um Theresa von Jesus zu umschreiben, „wandelt Gott auch zwischen den Schmortöpfen". Eine Ohrfeige ist und bleibt eine Ohrfeige, egal wie man sie betrachtet und im Kriegerischen beginnen die Dinge genau dort: Man geht von oben nach unten und nicht von unten nach oben, so wie es bei einem guten Stierkampf auch ist, von „wenig zu mehr".

Auf dieser Reise ist eine Narkose natürlich fehlangezeigt, denn auch wenn die Ohrfeigen nicht im Augenblick schmerzen, später werden sie es um so mehr tun. Ein Mensch kann nicht immer betäubt bleiben, niemand kann sich immer in seinem Luftschloß aufhalten, denn irgendwann bekommt man das Gegenteil vorgesetzt (dies ist es auch was das Gegenteil anzieht), und im besten Fall erwacht man wie nach einer durchzechten Nacht, wenn nicht gar im Unglück. Der Weg des Kriegers schärft das Bewußtsein, damit jeder gegen die Aggressionen, Fallen und Haken vorgehen kann die ihn umgeben, dadurch wandelt man durch das Leben mit der Gewißheit des Todes und dem Horizont des Wissens.

Die Vollnarkose ist überall. Aufpassen – und rette sich wer kann!

„Für einen Krieger ist Angst der unerschöpfliche Treibstoff auf seinem Weg hin zur Wahrheit; eine stimulierende Herausforderung, eine scharfe Brise, die es nicht zuläßt, daß man sich auf seinen Lorbeeren ausruht, die einen wach hält während der Feind uns auflauert"

DIE ANGST

„Nur der, der nichts zu verlieren hat, kann nicht besiegt werden".
Sun Tsu

Gibt es eine ewig anwesende Kraft auf dem weg des Kriegers, dann ist dies die Angst. Angst kann der stärkste Verbündete eines Kriegers sein. Findet sie ihren richtigen Platz, kommt die Angst Katastrophen zuvor, warnt unbedachte und Leichtgläubige, umgeht Gefahren, erhält das Leben. Doch wer die Angst frei und ungebändigt zuläßt, der lädt sie ein ihre Natur auszuleben, sie sättigt sich ohne Grenzen. So wird die Angst zur Gefahr an sich, fähig, jegliche positive Reaktion zu blockieren.

Gegen die Angst zu reagieren kann an sich zu einer Gefahr werden. Einige Menschen überreagieren unter Druck Dies ist besonders gefährlich wenn ein Polizeibeamter diese Umstände erleidet, denn er muß „proportional" reagieren und immer die Gesetze erfüllen.

Panikerfüllte Aktionen führen oftmals zu körperlichen Verletzungen. Die Steife, welche diesen Prozessen der höchsten Anspannung entspringt, kann den Betroffenen völlig blockieren, was sogar zu Faserrissen, Verrenkungen und Veränderungen der Knochenstruktur führen kann.

Die Antwort, die einzige Waffe des Kriegers gegen die Angst, ist nicht deren Unterdrückung, sondern die Mäßigung. Angst ist ein natürliches Gefühl, untrennbar mit dem Selbstschutzsystem verbunden mit dem uns die Natur ausgestattet hat, sie kann nicht unterdrückt werden. So ist angst nicht unser Feind, lediglich der Kontrollverlust über sie ist einer.

In allen einweihenden Prozessen und selbstverständlich in den Kampfkünsten, ist angst der ständige Begleiter und Arbeitsgegenstand des Adepten. Angst vor Schmerz, vor Niederlage, vor der eigenen Aggressivität, der eigenen Ohnmacht, Prüfungsangst, Angst vor Verletzungen usw. sind alles Teilausdrücke der Angst, die wir in den disziplinären Künsten vorfinden.

Einige Ängste sind eher „körperlicher" Natur, andere geistiger, wie sich der Lächerlichkeit preisgeben. Als weiteres ist der Komplex, der „Letzte Depp" zu sein, was oftmals in den Anfängen der Einweihung zu sehen ist, was von Herrn Paniagua sehr gut beschrieben wird in seinem Buch „Kampfkünste: Gleichgewicht von Körper und Geist". Der Schüler versucht durch Nachahmung zu lernen was er sieht, doch er spürt, daß er nicht in der Lage ist, sich entsprechend zu bewegen. Sein Abbild, das er im Spiegel sieht, gibt ihm die ohnmächtige Wirklichkeit wieder die ihn absolut nicht befriedigt. Die kriegerischen Traditionen wissen dies aus Erfahrung und führen deswegen den Schüler an dessen Grenzen, damit er sich selbst überwindet. Die Angst verschwindet nicht, doch sie erhält eine andere Dimension, sie wird gar alltäglich und verliert ihre alles beherrschende Macht, denn es gibt keine größere Angst als die vor dem Unbekannten.

Um ein wirksames Lernsystem zu ermöglichen, kombinierte die Natur zwei gegensätzliche Kräfte in uns: Neugierde und Angst, Entsetzen vor dem Unbekannten. Die Tapferkeit des Menschen wird oft verwechselt durch seine angeborene Neugierde alles auszuprobieren. Eine Unruhe, welche sicherlich viele unserer Vorfahren mit ihrem Leben bezahlten und welche man heute noch in unseren Kindern sehen kann, zum Entsetzen der Eltern und Lehrer. Kühnheit ist nicht das Gegenmittel zur Angst, aber doch deren Gegenpart. Damit will ich sagen, daß es nicht immer die beste Alternative ist, Tapferkeit der Angst entgegenzustellen. Absolut nichts kann die Mäßigung ersetzen, um dies zu erreichen.

Da der größte Teil der Angst der Unwissenheit entspringt kann man sagen, daß dies analog zur Dunkelheit ist. Die Mehrzahl der Ängste verschwinden wenn ein Licht sich entzündet verschwinden viele Ängste und der Raum, in dem sich unsere personalen Ungeheuer aufhielten, erhellt sich, welche immer größer sind als jegliche mögliche Wirklichkeit.

Erprobtes Wissen: Hier gibt es ein unfehlbares Rezept, die Impfung gegen die Angst!

Doch nicht immer kann man den Ängsten zuvorkommen. Die Möglichkeiten, daß unser dunkler Gefährte auftaucht sind unzählig, Panik kann sich schnell unseres Seins ermächtigen und niemand kann sich gegen alle Ängste impfen. Aus diesem Grund haben die Krieger aller Zeiten diese Frage mit dem einen und selben Musterbeispiel angegangen: Wer sich selbst in die schlechteste und schlimmste Situation bringt, wird niemals die Initiative verlieren. Auf diese Weise steuert das Training eine neue Dimension bei, das Verinnerlichen der Übung selbst, sich der Höllenangst stellen, anstatt eine konkrete Manifestation der Angst als Gegenstand der Ausbildung zu nehmen. Wenn die Adepten mit der Angst und deren Folgen vertraut werden, schlagen sie einen Weg des Verstehens um deren Mechanismen ein welche das Syndrom, das als „Angst" bekannt ist, ausmachen. Ein Syndrom ist nichts weiter als eine Anhäufung von Symptomen und ein Krieger geht diese nach dem taktischen Prinzip an „Teile und du wirst siegen". Wer sich keinem höheren Gegner stellen kann, zieht sich zurück, doch gleichen ihm unsere Kräfte, können wir kämpfen. So ist das Schlachtfeld die Angst selbst, das

Gleichgewicht zwischen den Kräften wird davon abhängen, wie wir unsere Kräfte einsetzen.

Es gibt bestimmte Aktionen, welche unseren Feind ernähren; jede Handlung die ihn stärkt, schwächt uns. Doch dieses Prinzip stimmt auch auf umgekehrte Weise, weshalb die Handlung des Geistes in dieser Schlacht von entscheidender Bedeutung ist.

Die Mäßigung an sich ist eine machtvolle Handlung welche die Funktionen mildert und beruhigt, während die Angst diese Dinge immer beschleunigt (Keuchen, Herzrasen, Verengung des Brustkorbes, Anheben des Tiefpunktes, Erwärmung des Kopfes, etc.). Daher hält der maßvolle Krieger diesen ersten, unterminierenden Anflug der Angst systematisch an, was sich in der Atmung ausdrückt, ohne zu vergessen, dem sicherlich austretenden Adrenalinschub und weiteren Begleiterscheinungen Aufmerksamkeit zu schenken.

Angst und die Energie Wasser

Angst ist in der asiatischen Philosophie das entartete Gefühl der Energie „Wasser". Daher hat man dort schon immer gesagt, daß die Angst in den Organen sitzt, genauer in Nieren und Blase. Bezieht man sich auf Niere und Blase im Kontext der asiatischen Medizin meint man damit nicht nur das Organ wie man es aus der westlichen Medizin kennt, sondern solche organischen Teile wie die Nebennierenrinde, deren Funktionen einige intrinsische Beziehungen haben, die von der Westlichen Medizin perfekt beschrieben werden, mit Symptomen und physiologischen Reaktionen wie der Angst. Die analoge Farbe der Angst ist Schwarz und ihr elementarer Zustand bezieht sich auf Kälte und Feuchtigkeit. Es ist kurios, festzustellen, wie dies auch in unserer besonderen Mythologie alles perfekt bekannt ist. Eine typische Szene der Angst geschieht in der Nacht, in einem feuchten, nebligen und wenn möglich kalten Umfeld, und, natürlich, in der Dunkelheit. Das ist der perfekte Lebensraum für Geister, Ungeheuer und lebende Tote! Die Energie des Wassers beeinflußt die Knochen (die Angst fährt ins Gebein!) und jeder gute Horrorfilm braucht ein Skelett. Die Meridiane von Blase und Niere verlaufen über den gesamten Rücken (Blasenmeridian) und nach oben (Niere) an der Beininnenseite, an der Fußsohle beginnend. Die Beine, der Bewegungsapparat, liegen im Herrschaftsbereich des Wassers, was nicht überraschen sollte, denn dessen natürlicher Verlauf geht von oben nach unten und nach innen. Steigt das Wasser entgegen seiner Natur an, ist also entartet, kommt es zu körperlichen Beschwerden. Kommt es bspw. zu einer Wasseransammlung im Körper, werden i.d.R. die Beine als erstes betroffen und danach erst der restliche Körper. Um die Körperfunktionen korrekt ablaufen zu lassen und um zu vermeiden, daß Angst entsteht, muß das Wasser also seinen natürlichen Gang nehmen, wodurch auch die positive Seite der Angst sich einstellt. Der Ausdruck „ich war wie angewurzelt" beschreibt perfekt eine Angstsituation. Die Beine sollten sich im Angstzustand positiv verhalten, also bewegen, und nicht blockieren. Ein gutes Beispiel dafür finden wir im Stierkampf. Im Stierkampf ist Ruhe und Ausgeglichenheit ohne Frage von Vorteil, obwohl die natürliche Reaktion ein Ohnmachtgefühl in den Beinen sein dürfte. Doch im Gegensatz dazu muß der Torero vor dem Auftreffen mit dem Stier sein hinteres Bein bewegen, ein besonderer Akt, damit die Tiefe der Mäßigung ihre Platz findet, im Fachjargon auch bekannt als „Einladen des Glücks". Kurioserweise blockiert die Angst, sollte sie anwesend sein, nicht die Beine und macht diese steif, zitternd und schwach, sondern begünstigt eine Bewegung, die selbstverständlich das Gegenteil ist, der Schritt nach hinten.

Die positive Energie der Energie Wasser ist das Fließen. Um der Angst zu begegnen sollte man entgegengesetzt zu dem handeln, was sie von uns verlangt, ihre Symptome erkennend und neutralisierend. Das dem Wasser entgegengesetzte Element ist das Feuer, und man sollte davon, vom „positiven Feuer" ordentlich Gebrauch machen. Begeisterung, Licht, Helligkeit, Wärme, Freude und Lachen, viel Lachen! All dies sind positive Elemente des Feuers, und Wunder wirkende Gegenmittel zur Angst. In der Tradition des Shinto gibt es eine bekannte Übung des „Entfernens der Geister". Diese besteht daraus, sich beständig mit der Handfläche gegen die Stirn zu schlagen und zu rufen „Ha!".

Der Tod, das Musterbeispiel der Angst

Das Musterbeispiel der Angst dürfte ohne Zweifel die Angst vor dem Tod sein. Der Tod ist die Tür zum Unbekannten schlechthin, und wie wir bereits gesehen haben, verbirgt sich das Unbekannte hinter dem Schleier der Dunkelheit und des Unwissens, dies ist das Gebiet das günstig für die Furcht ist. Ohne Zweifel ist der Tod die Zutat auf dem Weg des Kriegers, in all seinen Visionen. Der schwarze Tod findet sich auch in den Stierläufen der „Tauro-Magie" wieder, im kalten Stahl des Samuraischwerts. Das Königreich des Hades ist umgeben von Wasser, man erreicht es im Boot des Charon.

Der Tod war und ist die zentrale Angelegenheit auf dem kriegerischen Weg. Der symbolische Tod. Der wirkliche Tod. Der allegorische Tod, das Ende einer Etappe, der Schwarzgurt als Erreichen der Finsternis, als Bestätigung, daß man ein Fitzelchen der Dunkelheit geklärt hat auf dem persönlichen Weg zum Licht, auf dem der Gürtel mit der Zeit wieder Weiß wird.

Die Samurais stellten sich dem Tod, indem sie ihn integrierten. „Niemand kann einen Toten töten". Die Samurai gaben ihr Leben völlig auf für den Dienst an ihrem Herrn, ihr Leben gehörte nicht mehr ihnen, sodaß der Lord ihnen jederzeit befehlen konnte, Seppuku auszuführen, was im Westen besser als Hara Kiri (Zerschneiden des Hara), bekannt ist. Diese Taktik war drastisch, doch das Ziel war kein anderes, als weit über die Kraft der Ängste hinauszugehen, die größte Angst zu überwinden, die Angst vor dem Tod. Jener Akt garantierte nicht die völlige Freiheit von Ängsten, denn den Samurai beschäftigten nun andere Ängste, wie die Angst vor dem Scheitern, der Nichterfüllung seiner Pflichten, die Angst vor der Entehrung, etc.

Wie sagte doch Sun Tsu: Nur der, der nichts zu verlieren hat, kann nicht besiegt werden. Die Bibel sagt uns, daß das Leben an sich „Eitelkeit" sei, die letzte Stütze der Angst ist immer das Ego, die Wichtigkeit der eigenen Person. Auf dem Weg des Kriegers des Carlos Castaneda ist die Angst die Konstante des kriegerischen Trainings. Der Tod wird zum Ratgeber und die Flüssigkeit, die Abneigung, (positives Wasser) sind unabdingbare Gewinne.

In den derzeitigen Zeiten ist der Exzeß der Energie des Feuers eine Konsequenz der Unzulänglichkeit des Wassers. Die Nieren der Menschen sind wahrscheinlich in Phosphate aufgelöst, denn es geißeln sich Millionen von Personen und drängen nach allem was Sicherheit verspricht. Die Versicherungsgesellschaften sind die großen Gewinner bei diesem Spiel, und man sollte nicht die vielen anderen Dinge vergessen, die sie aus dieser Macht ziehen. Im weißen Kittel und mit den selben Rechten ausgestattet wie James Bon von der Königin von England, versprechen die Priester der medizinischen Wissenschaft große Fortschritte, um den Tod fernhalten zu können. Der Tod, aus unserem Alltag nahezu ausgeschlossen, wird zu einer ungemütlichen, lästigen Gegenwart, ein störender Gast am Tisch der neuen Götter, der Menschen. Diese ergötzen sich an den Versprechungen der ewigen Jugend durch Skalpell und Liposuktion ihrer Exzesse. Die Verneinung des Alterns, bisher von der Menschheit immer als Quell der Weisheit und Respekts angesehen, stört heute und wird lieber in Altersheimen weggeschlossen, wo die Alten, ohne die nötigen Stimuli dieser Welt, dahin vegetieren.

Wenn der Tod seinen Wert als ständigen Anreiz im Hier und Jetzt verliert, als Impuls zum Leben mit Entscheidungsfreude und Intensität in jedem Augenblick, wird ihm all seine Tugend genommen, man reduziert ihn einfach auf eine erschreckende Leere, dem Nicht-Sein, er wird zu etwas Unerwünschtem, nicht Erstrebenswertem auf den Festbanketten der Lebenden.

Jeglicher Weg des Kriegers verläuft über die Integration des Todes und des Lebens, durch den richtigen Gebrauch der Angst, der mächtigsten Waffe auf dem Weg des Wissens.

„Jeglicher Weg des Kriegers verläuft über die Integration des Todes und des Lebens, durch den richtigen Gebrauch der Angst, der mächtigsten Waffe auf dem Weg des Wissens"

DIE 5 GEHEIMEN SCHLÜSSEL ZUR VERBESSERUNG DER TECHNIKEN

Gibt es magische Formeln zum besseren Erlernen der Kampfkünste?

Seit der Mensch sich auf die Suche nach Werkzeugen gemacht hat, wie er schneller, effizienter und besser seine gesetzten Ziele erreichen kann, ist er auch auf der Suche nach sogenannten „magischen Formeln". Ich möchte gleich vorwegschicken, dass man durch diese Formeln und ohne weitere Anstrengung nicht von alleine besser wird. „Keine Abkürzung ohne Arbeit" heißt der alte Spruch, und dies ist eine universale Wahrheit. Versteht man unter „magisch" in diesem Sinne die Möglichkeit, den Erdboden zu verlasen und bis in die Wolken schweben zu können, dann ist die Antwort selbstverständlich „Ja".

Jeder Entwicklungsschritt hat aber auch seinen Preis, denn wenn man etwas auserwählt, dann läßt man auch vieles zurück und übersieht anderes. Daher ist das Abenteuer Leben die große Herausforderung des Menschen.

Viele Meister verweisen darauf, dass das Erlebnis des Genusses auf dem Weg zu finden ist, nicht auf der Spitze. Und man kann auch alternative Wege auf unserem Vorwärtskommen benutzen. Natürlich ist der Gipfel immer der Gipfel und dieser hat verschiedenen Bedeutungen, je nach dem, wer ihn erklommen hat. Eine Erklärung: Für einige bedeutet das Erreichen des Gipfels die Unbesiegbarkeit, für andere bedeutet es, andere Menschen besiegen zu können (was nicht dasselbe ist!), und für einige auch das Durchschauen des eigenen Kampfes, aber das wäre ja schon mehr als gewöhnlich...

In diesem Kontext ist die Technik ein nicht wegzudenkendes Werkzeug für den Schüler. Sie selbst stellt schon die Abkürzung zur Meisterschaft dar und wer sie zu benutzen weiß, der wird sein Training effizienter gestalten können.

1. Verinnerlichen der Bewegungen

Alle Schüler der Kampfkünste durchlaufen anfangs eine Phase der Verwirrung. Es scheint, dass der Körper nicht auf den Geist hört. Man amt die Bewegungen nach, die man gelehrt bekommt, man bewegt Arme und Beine und glaubt, dass man eben das tut, was die anderen auch machen – doch der Spiegel entlarvt uns. Während der Grundschule teilen wir (oder zumindest sagt man uns das so) die Bewegungen auf, um diese dann schrittweise zu beherrschen. Wir fügen die Buchstaben zusammen und bilden dann Wörter, bis wir in der Lage sind, ein Buch zu schreiben. Einer der effektivsten Tricks während dieser Phase ist, die Bewegungen zu verinnerlichen. Dazu muss jeder für sich alleine üben, mit geschlossenen Augen, sind doch gerade wir Menschen sehr von unserer Sehkraft abhängig. Durch das Ausschalten des Sehsinnes erleben wir Dinge, die ansonsten nur sehr viel später integriert werden könnten, wie z.B. die Gemeinsamkeit von Signalen welche das Gehirn benötigt, um die Bewegungen zu steuern.

Kommt ein Schlag zustande, dann schafft er eine Reihe von Reibungen, Winkel des Rumpfes und der Hüfte, welche über die größere oder geringere Effizienz dieser Technik entscheiden. Im Nahkampf ist der Taktsinn von größter Bedeutung, da niemand beispielsweise beim Umklammern wirklich sehen kann, was der andere tut. Eine kleine Gewichtsverlagerung könnte schon den nächsten Einstieg eines Judokas zunichte machen, ebenso wie ein Blick den kommenden Angriff des Karateka voraussehen kann.

Das Erfühlen der Bewegung bedeutet nicht nur das Visualisieren derselben, sondern auch das Verinnerlichen der dazu gehörenden Gefühlseindrücke. Diese Information schafft einige Verhaltensweisen, die auf das Nervensystem wirken. Man schafft Autobahnen und Abkürzungen, die in Wirklichkeit eine Menge Energie ersparen, welche wiederum für Kraft und Schnelligkeit eingesetzt werden kann, oder, was noch wichtiger ist, als Aufmerksamkeit für die 1001 Variablen und Situationen bereitsteht, die unser Gegner provozieren könnte.

Das Üben mit geschlossenen Augen wird den Techniken Flügel verleihen. Sie werden effizienter werden und vor allem mäßiger. Ein Kampf ist immer eine sich wendende Situation in der derjenige gewinnt, der am meisten spart.

2. „Keine Spannung – kein Verschluß"

Die Lernprozesse erscheinen immer als großer Aufwand und große Kraftverschwendung. Das geschieht, wenn man nicht weiß, welche Muskelgruppen man zu benutzen hat, so dass man schließlich alle anspannt. Meisterschaft zeichnet sich immer durch Flüssigkeit in der Bewegung aus, durch die „komplizierte Einfachheit" und der natürlichen Effektivität des Ausübenden.

Wer von Beginn an die Anspannung ausschaltet, der spart viel Energie und geht dadurch möglichen Verletzungen aus dem Weg. Nehmen wir als

Beispiel eine so elementare Technik wie den Fronttritt. Im ersten Teil der Technik darf man nicht die vorderen Beinmuskeln - den Quadrizeps - einsetzen. Alle Anspannung in diesem Moment sollte in den Gegenspielermuskeln liegen. Illiacos wird die Bewegung nur langsamer machen. Nur im Augenblick der totalen Streckung dürfen sich erstgenannte anspannen. Wenn man sich im Anspannen der Mindestspannung übt, um eben unsere Körpergliedmaßen zu bewegen, dann führt man Bewegungen aus, die dem Gehirn eine Reihe von Schwierigkeiten bereiten, was dann auch den Rest des Körperprozesses betrifft. Macht man das auch noch mit geschlossenen Augen, dann wird man noch mehr Erfolg ernten: wir werden „fühlen" wie unser Körpergewicht sich auf dem Standbein abstützt, wie die Hüfte sich anhebt, wie der Rumpf der Bewegung gegensteuert (denn ansonsten würden wir zu Boden fallen) und wie die Fußmuskeln sich strecken. So sollte man sich also darauf besinnen, nicht anzuspannen.

Wie fast immer im Leben sind wir selbst unser größter Feind. Wenn wir darauf abzielen, uns nicht zu verspannen, haben wir Angst, uns negativ beeinflussen zu lassen, doch wir sparen an Energie und entdecken ohne große Schwierigkeit, dass wir ansonsten viel länger zum Erlernen benötigen würden.

Im Gegensatz zum alten Spruch der Gewichtheber „Kein Schmerz, kein Fortschritt" („No pain no gain") sollte der Kampfkünstler sagen: „Keine Verspannung, kein Verschluß".

3. Das Üben der Techniken in diversen Stellungen

Weshalb lernen im Stand mit der Faust zu schlagen, wenn man das auch im Sitzen machen kann?

Während des Lernprozesses ist das Prinzip „Teile und Du wirst siegen" ohne Zweifel eine der wichtigsten Strategien.

Wenn wir eine bekannte Technik in einer anderen als der üblichen Distanz üben, geben wir dem Zentralrechner Gehirn die Möglichkeit, sich auf nur eine Phase der Ausübung zu konzentrieren. Ich verstehe, dass man sich recht tolpatschig vorkommen kann, wenn man am Boden zu treten versucht, im Kniestand oder gegen die Wand gedrückt, doch in jeder dieser Stellungen isolieren wir die wichtigsten Muskeln, welche ansonsten beim Einsatz im Stand benutzt werden würden.

Dadurch kann man sich aber viel korrekter auf eine adäquate Anwendung konzentrieren, so dass wir echte „Geizhälse" im Umgang mit unserer Energie werden. So wird man herausfinden, dass es Unnütz ist, alle Muskeln anzuspannen, wenn doch nur einige wenige an der Arbeit beteiligt sind. Dadurch wird man die Ausführung der Technik verändern. Der Anfänger verliert dadurch an Geschwindigkeit und Kraft.

Das Gleiche stimmt, wenn wir uns in ungewohnte Situationen begeben. Wir stellen dann unser Gleichgewicht in Frage und müssen die Bewegungen wesentlich besser abstimmen, damit die Technik auch wirklich funktioniert.

Das Ändern der Trainingsroutine öffnet Türen für ein neues Bewußtsein, so dass man bewusst oder unbewusst das Lernen beschleunigt.

4. Die Welt steht Kopf!

Wer dieser machtvollen Regel folgt und die Trainingsgewohnheiten ändert, der wird die Welt Kopf stehen sehen! Aus den Angriffen werden Verteidigungen und umgekehrt. Wenden Sie dieselben Sachen im Stand auch am Boden an, wechseln Sie von rechts nach links und von links nach rechts. Und die Welt steht Kopf!

Wenn jemand eine Verteidigungstechnik als Angriff oder umgekehrt ausübt, dann explodiert die verborgene Seite derselben und der Kreis wird im Geiste durch die Vielfältigkeit geschlossen. Führen Sie die schnellen Techniken langsam aus, die langsamen schnell, runde Bewegungen geradlinig und geradlinige rund. Sie werden sehen: das Paradoxe wird Ihnen ein großer Verbündeter sein.

Wenn Sie die Dinge aus verschiedenen Winkeln betrachten, hilft es dem Gehirn das Gelernte zu festigen, zu wachsen und eine kreative Stütze zu sein. Beginnen die beliebtesten Bewegungen mit den Armen und enden mit den Armen, versuchen Sie es einmal umgekehrt. Sie werden zumindest entdecken, warum dies die bevorzugte Technik für einen selbst ist und keine andere. Sie werden Ihre Trainingskollegen mit dieser kreativen Ader überraschen und den Kampfverlauf aus der gewohnten Bahn werfen.

5. Beobachten der Natur.
Anwendung der Dinge im Kampf

„Die Theorie sieht man in der Praxis", sagt ein alter Spruch. Eine Technik, die im Kampf unnütz ist, wird – ähnlich einem Messer, das nie eingesetzt wird - niemals geschärft. Die besten Techniken sind das Ergebnis des Drucks, den ein Trainingskamerad auf uns ausübt. Wenn man sich darüber aufregt, dass der andere immer wieder mit einer Kombination einsteigen kann, sollte man die Gesamtheit der Handlungen betrachten lernen. Danach sollte man zuerst alleine und dann mit einem Partner üben, um am Ende wieder auf den Gegner zu treffen, der uns Probleme bereitet hat.

In diesem Prozeß erfährt man die größte Reinigung der Technik und die Realität ist immer die härteste Probe. Meisterschaft entstammt aus der kontinuierlichen Reibung mit der Realität. Die Argumente dafür sind offensichtlich, denn die Natur ist der letzte Meister, der sich niemals täuscht, so dass sie für die Budoka schon immer Quell der Inspiration war. Angreifen wie eine sich brechende Welle, Zuschlagen wie ein Blitz, Bewegungen eines Panthers, das Strecken wie ein Kranich, Gleiten wie eine Wolke, den Gegner einwickeln wie der Windhauch, würgen wie eine Boa Constrictor, etc. pp. Doch trotz aller Mysterien gibt es nur einen Weg: Trainieren, trainieren und trainieren und dann – na ja, weiter trainieren.

Fröhliches Training!

„In diesem Prozeß erfährt man die größte Reinigung der Technik und die Realität ist immer die härteste Probe. Meisterschaft entstammt aus der kontinuierlichen Reibung mit der Realität. Die Argumente dafür sind offensichtlich, denn die Natur ist der letzte Meister, der sich niemals täuscht, so dass sie für die Budoka schon immer Quell der Inspiration war"

INDEX